SUSANNE KRÄMER

SCHAMANISCHES URWISSEN

unserer europäischen Ahnen

Druiden, Heiler und Zaunreiter

HEIL-
RITUALE FÜR
DIE HEUTIGE
ZEIT

nymphenburger

Inhalt

Skuld – die Zukunft gestalten

Zu guter Letzt

Gudijas Reise beginnt

Als kleines Mädchen fand ich inmitten eines Moores in Mecklenburg eine Laubinsel, mit uralten Buchen bestanden und belebt mit geheimnisvollen Naturwesen. Wenn ich allein sein wollte, und das war häufig so, ging ich den Pfad zwischen Morast und Sumpflöchern, um in meinem kleinen Paradies ungestört mit jenen zu kommunizieren, die mich und meine Wahrnehmungen verstanden. Dazu gehörten Baumwesen, Feen und Elfen sowie auch eine ganz reale Wolfsfamilie, die die Insel im Moor bewohnte. Wir fürchteten einander nicht, wenn ich in Sommernächten mit einer alten Decke und einem Rucksack voll Essen auf die Insel schlich, um dort heimlich zauberhafte Stunden zu verbringen.

Ich hatte damals das Gefühl, meine eigene Natur kam der von Wölfen und wilden Wesen näher als der menschlichen. Ich sah verborgene Dinge hinter dem Offensichtlichen, spürte mehr und nahm Situationen oft völlig anders wahr als die Menschen in meiner Umgebung. Das machte mich zu einer Außenseiterin, und egal, was ich probierte, welchen Spagat ich versuchte, um zur Welt meiner Familie dazuzugehören, es gelang mir nicht. Der Wald mit seinen geheimnisvollen Wesen war und ist bis heute mein Zuhause. Er gibt mir seit der Kindheit das Gefühl, verstanden zu werden und von natürlicher Geborgenheit, die ich woanders nicht fand. All die wilde, ekstatische Kraft, die in mir wohnte, war in den hellen Nächten der Moorinsel frei, ich sang laut und schräg und tanzte nackt mit dem Herrn des Waldes im Licht des mecklenburgischen Mondes. Das Heulen des Wolfsrudels war meine Musik und die Wellen des Moorsees mein Takt. Dort, am Ort meiner Kindheit, begann ein Lernen, das meine Zellen und Sinne im Lauf der Jahre immer mehr erwachen ließ. Bis heute kennt niemand den mystischen Ort meiner Kindheit, und die Naturwesen und Wölfe leben dort weiter ungestört.

Unsere Wurzeln, seit Jahrhunderten verleugnet, verschüttet und teils verloren, rufen mich seit der Kindheit. Ich fand es faszinierend und erhellend, die alten Geschichten zu lesen, und hatte Jakob Grimms Mythologie, die Edda und viele andere Bücher bereits mit 14 Jahren verschlungen. Meinen Zugang zur Welt der Götter, Ahnen und Naturwesen jedoch fand ich in der direkten Erfahrung mit ihnen und in dem für andere seltsam anmutenden, für mich aber

▲ In der freien, wilden Natur mit all ihren Wesen fühlte ich mich ganz geborgen und zu Hause.

ganz natürlichen Tun. Schon recht früh brachte ich Blumen und Teegebäck zu den Geistern in den wilden Wald, gestaltete bunte Altäre auf Ruinen der Bunker aus dem Zweiten Weltkrieg vor unserer Stadt und bastelte unförmige Ahnenfiguren aus Lehm und Holz, um sie dem heimischen Fluss Nebel (rückwärts gelesen „Leben“) als Gaben zu übergeben.

Und siehe da, mir wurde geantwortet. Die Götter besuchten meine kindlichen Spielstätten fühlbar amüsiert, indem sie mir auf einen Pfiff hin kreisende Raubvögel und krächzende Raben sandten. Die Ahnen segneten mit dem Beseitigen schier unüberwindbarer Hindernisse immer wieder meinen Weg, der mich dann nach vielen Jahren zur ureigenen Bestimmung der Schamanin in die österreichischen Alpen führte.

Die Kraft der Schicksalsweberinnen sorgt seit Anbeginn der Zeit dafür, dass aus der Quelle des Lebens das „Wyrd“ – ein feinstoffliches Gewebe – entsteht, das wir als Menschen für das spirituelle Wachstum benötigen. Die Quellen der Wiedergeburt, des Schicksals und des ewigen Wissens führten mich immer genau an die Orte und Situationen, die ich für mein

Wachstum brauchte. Das war bei weitem nicht immer das, was ich wollte. Ich wehrte mich in einer Art Betriebsblindheit jahrelang gegen das Lernen und Kraftvollsein und negierte den Weg meiner Vorfahrinnen. Das kleine Mädchen in mir fand es beängstigend, allein als Beobachterin am Rande der Gesellschaft zu stehen und nirgends dazuzugehören. Irgendwann, nach langer und schwerer Krankheit, wurde ich dennoch erwachsen und konnte meinen Weg nicht mehr ignorieren. Ich sah selbst, wohin er meine Seele führte. An diesem Tag entschied ich, ihn in aller Konsequenz zu gehen und dem Schicksal aufrecht zu begegnen. Von da an fühlte ich mich nicht mehr allein. Ich fand gleichgesinnte Menschen, die mich begleiteten, und Götter, Naturwesen, Nornen und Ahnen sprachen ab diesem Tag klarer zu mir. Was für ein Durcheinander das war, das reinste Stimmengewirr. Für die Übersetzung und Einordnung der Stimmen benötigte ich jedoch menschliche Lehrer. Diese begegneten mir auf mystische Weise immer genau dann, wenn ich sie brauchte. Ich reiste um die halbe Welt, fand indigene Schamanen, die mich meine Ahnenwurzeln finden ließen, ihre Traditionen lehrten, Türen öffneten und begehbare Wege im heimischen Wyrd aufzeigten.

SPIRITUALITÄT LEBEN

Alle Zeiten haben ihre besondere Qualität. Heute ist für mich der rechte Zeitpunkt gekommen, Manipulationen, Verwirrungen und Missverständnisse mit offenen Augen genau anzusehen, um sie durch Klarheit und mutige Tat zu einem neuen Weltbild zu wandeln. Unsere Spiritualität und die allseits belebte Natur mit ihren weisen Wesen dürfen langsam wieder zusammenwachsen, so kann sich auch das gestörte Verhältnis zur eigenen menschlichen Natur wieder heilsam verändern. Als bewusste und höchst spirituelle Wesen sind wir Menschen ein wichtiger Teil des großen Ganzen.

Gerade wir Europäer haben in den letzten zwei Jahrhunderten eine rasante Entwicklung hin zur Spiritualität gemacht, der Durst danach ist seit dem 19. Jahrhundert immer stärker geworden. Jedoch mangelt es der heutigen spirituellen Kultur noch an tiefgründiger Ausbildung und Authentizität. Unterschiedlichste schamanische Workshops werden hierzulande angeboten, manche seriös und lehrreich, manche eher von spirituellem Konsum und Marketing geprägt. Im Schnellverfahren werden mancherorts sogenannte Schamanen ausgebildet, denen es an echtem Wissen, Erfahrungen und vor allem an geistiger Struktur mangelt. Das Angebotene ist dort unvollständig, verflacht dadurch und wird gedankenlos konsumiert. Im schlimmsten Fall wird Schamanismus zu egoistischen Zwecken missbraucht.

Zu einer wahrhaftig heilsamen Veränderung fehlen uns essenzielle Erkenntnisse über unsere spirituellen Wurzeln. Durch sie erhält unser Weltbild sowie jede Form der geistigen und schamanischen Arbeit und Ausbildung Tiefe und Wahrhaftigkeit. Wir finden die zeitgemäßen und schriftlich festgehaltenen europäischen Wurzeln unter anderem in Rudolf Steiners Schriften der Anthroposophie, in den Werken Goethes sowie in den zahlreichen Bü-

▲ Im direkten Erleben erfahre ich die Kräfte der Natur und verbinde mich mit den spirituellen Wurzeln.

chern der Gebrüder Grimm und anderer spiritueller Gelehrter. Würden wir beginnen, dieses umfassende Wissen zu erkennen und mutig in die Tat umzusetzen, fände sich wohl in Mitteleuropa eine spirituelle Hochkultur ohnegleichen. Die geistigen Heilkünste von heute haben eine Jahrhunderte andauernde Verfolgung überlebt. Europäische Schamanen sind so aber auch gewachsen und mit einem höheren Bewusstsein in diese Zeit geboren worden. Wenn wir nun unsere Wurzeln in diese gestärkte spirituelle Kraft integrieren, dürfen wahrlich gute neue Zeiten anbrechen.

VON ANDEREN KULTUREN LERNEN

Mein sikkimesischer Lehrer Purna Bahadur Gurung sagte mir einmal, er habe große Achtung vor jedem Schamanen, der in Europa arbeitet. Dieser müsse hier wohl wesentlich stärker sein als diejenigen in indigenen Kulturen, wo Spiritualität und Schamanismus ganz selbstverständlich existieren. In seiner Kultur gab es keine Unterbrechung der Ahnenlinien, was sich momentan allerdings ändert. Hier jedoch müssen wir die Verbindungen erst wieder ganz zum Leben erwecken, was viel mehr Aufwand, Kraft und Disziplin erfordert. Diese respektvolle Art, über Schamanen hier in Europa zu denken, machte mir immer wieder Mut, auf meinem teils auch einsamen Weg zu bleiben.

Heute scheint es leichter und oft praktischer, aus anderen Kulturen und deren Spiritualität zu lernen, was aus meiner Sicht durchaus sinnvoll ist, um grundlegende Fähigkeiten zurückzuerlangen und die Verbindung zur eigenen Geistwelt und Mythologie wieder zu öffnen. Rituale aus fernen Ländern ersetzen jedoch nicht die Verbindung zur eigenen Landschaft und zur einheimischen Kultur. Enttäuschend wenig konkrete Rituale und schamanische Heilmethoden unserer Ahnen wurden uns bis heute schriftlich überliefert. Dennoch existieren sie irgendwo. Vielleicht leben sie allein in der Erinnerung unserer Geistwelt und der unauslöschlichen Linie der Genetik.

Voller Wissbegier und mit vielen Fragezeichen machte ich mich vor ein paar Jahren auf eine Reise durch das heutige spirituelle Europa. Ich wollte authentische europäische Schamanen, Spökenkiker, Wender, Heiler persönlich kennenlernen, um mich mit ihnen auszutauschen und ihre Erfahrungen niederzuschreiben. Ich fand auf diesem Weg den Noaiden Kyrre aus Norwegen, den Alpenschamanen Udo Vukovics, die Wenderin Sonja Raab, die Jankhri Arwen und den Gypsy-Zaunreiter Günther Kramer aus Österreich, den Leybkneter Amad Langbein und den germanischen Schamanen Voenix aus Deutschland sowie die Schamanin Christiana Aro-Harle aus Finnland. Sie alle haben das ureigene Wissen ihrer Vorfahren wiedererweckt, ihre Ahnenlinien reaktiviert und eine neue europäische Tradition erschaffen. Sie sind einige der mutigen und authentischen schamanischen Vorreiter der kommenden Zeit. Lass dich von erzählten und erträumten Geschichten zur Entdeckung unserer europäischen Geschichte aus meiner ganz persönlichen Perspektive inspirieren. Lerne in zahlreichen praktischen Übungen die neun Welten besser kennen, um geheimnisvollen Naturwesen und Göttern achtsam zu begegnen. Geh mit mir auf die spannende Reise deiner wiederentdeckten Ahnenkräfte unserer europäischen Kultur. Die Ahnenseelen brauchen uns genauso wie wir sie, denn wer soll das über viele Jahrhunderte gesammelte Wissen in die Zukunft tragen, wenn nicht wir, im Hier und Heute?

◂ Auf meinem Weg und meinen spannenden Reisen in indigene Kulturen fand ich den Zugang zum eigenen Ahnenwissen.

Urd – der Ursprung der Welten

„Urd" steht für Vergangenheit. Gleichzeitig bezeichnet es eine weise alte Göttin – die Norne, die älter ist als alles, was je existiert hat. Sie kann sehen, was bisher auf der Erde geschah, und unterstützt dich dabei, Weisheit aus dem Erlebten zu ziehen. Im Gegensatz zur unsicheren Zukunft ist die Vergangenheit bereits geschrieben. So kann eine spirituelle Reise dorthin tiefes Verstehen und damit ein erhöhtes Bewusstsein in dir aktivieren.

Wie die Welten entstanden sind

Die europäische Mythologie, wie wir sie heute aus der Edda und aus wissenschaftlichen Werken kennen, entspricht nicht immer dem, was tatsächlich geschah. Sie wurde zum Teil, dem Weltbild der Eroberer und der römisch-katholischen Kirche entsprechend, nach dem damaligen Moralkodex verändert aufgeschrieben. Der freiheitlich-animistische Kontext unserer Vorfahren, in dem alles, was lebt, auch beseelt ist, wurde im Interesse der Machthaber fast völlig gelöscht. Aufzeichnungen über unsere Götter, deren Mythen, Bilder, Skulpturen, heilige Wesen und Stätten wurden diabolisiert, verfälscht, zerstört, schamanische Rituale und Naturrituale verboten oder sinnverfälscht von der Kirche adaptiert. Die heiligen Haine wurden beinahe vollständig abgeholzt, die Quellen versiegelt, um steinerne Gebäude darauf zu errichten, deren Symbolik die wilden Kräfte in die Unterwelt verbannte.

Dennoch sind alle diese Wesen noch da, wenn auch im Verborgenen, im Geheimen. Du findest unterhalb dieser Gemäuer noch immer die alten Kraftplätze und kannst ihr kraftvolles Wirken mit etwas Mut und Übung auch wieder reaktivieren.

Es wird in unserer Zeit immer deutlicher sichtbar, dass sich die Schleier zwischen den Welten bereits gelichtet haben. Unsere mystischen Geschichten werden von mutigen Märchenfrauen und Barden wieder erzählt, von Seherinnen und Orakeln neu visioniert und von den Träumern neu erträumt. Durch sie und viele mutige Vorreiter kann die lebenswichtige Verbindung zu unseren Wurzeln wieder erkannt und erneut hergestellt werden.

Alles, was ich in den nächsten Kapiteln schreibe, klingt so, wie ich es direkt von Mund zu Ohr, am Feuer von Heilerinnen und Schamanen Europas sitzend, hörte und im direkten Kontakt zu den Göttern und Naturwesen selbst erlebte. Ich erhebe keinerlei Anspruch auf „die einzige Wahrheit“ im wissenschaftlichen oder eine historische Mythologie im geschichtlichen Sinne. Ich schreibe hier ganz bewusst neue Geschichte und Geschichten, fordere dich in praktischen Übungen heraus, die ureigene Version deiner Vergangenheit im Tun zu entdecken, dich selbst mit deinen Ahnenlinien zu verbinden und ihren Stimmen wieder zu lauschen.

▲ Am Anfang des Weltgeschehens trafen die glühenden Feuerströme des Südens auf die Eismassen des Nordens. Aus der Dunkelheit wuchs das Licht.

VON DER ERSCHAFFUNG DER WELT

So beginne ich mit dem Anfang von allem. Wie entstand wohl unsere Welt? Wo begann alles? Jede Kultur weltweit hat ihre Schöpfungsgeschichte. Und natürlich kannst du sie in der Edda nachlesen. Jedoch lebt Schamanismus von der eigenen Erfahrung, und meiner Meinung nach ist echtes Wissen immer mit direktem Erleben verknüpft. Diese meine Version der Schöpfung erhielt ich in einem Klartraum. Sie war so konkret sicht- und fühlbar, dass mir selbst bei Nacht dabei die Haare zu Berge standen. In einer Reise durch den unendlichen Kosmos erhielt ich einen kleinen Einblick, wie es einmal gewesen sein könnte:

Der Beginn

Am Anfang von Allem war das NICHTS.
Ginnungagap.
Eine große, alles umfassende Leere.
Still und dunkel lag sie über allem Sein.

Von weit, weit her jedoch blitzte es.
Ohne Raum und Zeit kam ein Licht in die gähnende Schwärze.
Es schien zuerst ein gleißend heller Stern zu sein, der einen Teil des Dunklen zu erleuchten begann.
Aber sie wuchs, die Helle.

Stille umfing das Licht wie ein Mantel, schweigend, schwanger voll Erwartung.

Als das Licht auf ungefähr die Hälfte des Dunkels angewachsen war, begannen die beiden sich zu vermischen.

In der Symphonie dieser lustvollen ersten Vereinigung erklang erstmals der Ton des Erschaffens:

Aaaaaaaaaaaaaaaaaaaaaaaaaaaaa

Oooooooooooooooooooooooooooo

Uuuuuuuuuuuuuuuuuuuuuuuuuuuu

Mmmmmmmmmmmmmmmmmmmmm

Dieser eine gewaltige, heilige Ton war es, der alle Welten erschuf.

Aus dem A wurde Adlarn, das Reich des kosmischen Adlers, die Welt der höchsten Wesen und Planetenkräfte des Kosmos. In ihr wird Magie geschmiedet, um verbindenden Einfluss auf die anderen Welten auszustrahlen. Von dort stammen alle kosmischen Seher und hochgeistigen Gedanken, die imstande sind, das Schicksal der Wesen aus der erhöhten Perspektive zu betrachten. Alle Kräfte, die uns Überblick, Rat und Weisheit schenken und universelle Zusammenhänge lehren, wohnen dort. Es ist das Reich der ewigen Winde, des großen Geistes ohne menschlichen Namen.

Aus dem O wurde Oden, strahlend himmlisches Atemlicht, das in unentwegter Freude mit seiner erwärmenden Kraft Leben erzeugt. Oden ist der Hauch der Göttin Sunna und enthält pure Schöpferkraft, die wir für das geistige Wachstum und das Erzeugen von Leben nutzen können.

Aus dem U wurde Utgard, die untere Welt, der Uterus und Urd. Dort, aus der großen, sanft umhüllenden Dunkelheit heraus, wird vom Licht erzeugtes Leben geboren. In den Uterus der Unterwelt kehrt alles, was stirbt, zurück, um

▲ Wenn Dunkelheit und Licht sich liebevoll vereinigen, dann wird neues Leben geboren.

wiedergeboren zu werden. Alles Abgestorbene, Tote kann sich hier reinigen, um unbelastet neu zu werden. Seit Anbeginn der Welt wird das Gleichgewicht der Kräfte, der immerwährende Kreislauf von Geburt, Leben, Tod und Wiedergeburt, auf diese Weise erhalten.

Aus dem M wurde Midgard, der Garten Eden unseres erstaunlichen Multiversums. In der Mitte der Begegnung zwischen Oden und Utgard verschmolzen das Licht und die Dunkelheit im ekstatischen Tanz der Liebe zu einer Welt. „Mutter Erde" mit ihren millionenfachen Lebensformen entstand, um dem universellen Lebensklang „AOUM" materiellen Ausdruck zu schenken.

Das ist der Beginn all dessen, was wir heute kennen, so erzählten es mir die Nornen auf meiner Reise in den hohen Norden Europas. Ähnliche Geschichten und Entsprechungen des Schöpfungsmythos findest du in vielen indigenen schamanischen Kulturen. Vor zwei Jahren las ich diesen Entstehungsmythos einem indischen Rishi vor. Er lächelte still und nickte dazu, und als er es mit der vedischen Mythologie verglich, waren es nur Namen und wenige Details, die sich von dieser Version unterschieden. Doch lass mich weitererzählen von den neun Welten.

ENTDECKE NEUN GEHEIMNISVOLLE WELTEN

Die ersten Lebewesen auf unserer Mutter Erde waren die Riesen – wilde, ungezähmte Naturkräfte. „Audhumla", unsere Urmutter in Gestalt einer milchgebenden Kuh, leckte sie zunächst ohne Form aus dem Salz der Felsen im unwegsamen Land zwischen Feuer und Eis. Sie schenkte „Ymir", dem großmächtigen Schöpferwesen ohne Geschlecht und Bewusstsein, ihre nahrhafte Milch, damit er in der Welt, die auf einer Seite eisig und auf der anderen feurig heiß war, durch sanfte, mütterliche Wärme und Liebe überlebte. Es war einsam in den ersten Tagen der Welt, und Ymir spürte, dass er jemanden brauchte, um sich selbst als Wesen zu erkennen, und die einsame Dunkelheit, um sich zu beleben.

Mit bloßer magischer Wirkkraft und ein wenig von seinem Schweiß und Speichel formte er eines Tages zwischen seinen Zehen drei weitere Riesen: „Odin", „Wili" und „We", eine mystische, dreigeteilte Wesenheit. Frostige und feurige Riesen entstanden, die im Eis oder Feuer zu leben imstande waren. Es gab dafür in der großen Leere „Ginnungagap" sehr begrenzte Möglichkeiten. Fruchtbarer Lebensraum war nicht existent. Wilde Vulkane spuckten Feuer, das schmelzende Eisberge wieder erstickten. So gab es für Ymir, Odin, Wili und We nur den winzigen Raum dazwischen, dort, wo sich Feuer und Eis zischend vereinten. Die Riesen wuchsen und wuchsen. Audhumlas Milch

▲ Zwischen Feuer und Eis erschufen die Götter einst unsere Welt.

EXKURS

WELCHE WELTEN ES IN UNSERER KULTUR GIBT UND WER DARIN LEBT

1. **Asgard** ist die Welt der Asengötter. Dort sind jene Vorfahren, die bereits in einer Zivilisation mit Ackerbau und Viehzucht im zweiten Zeitalter der Welt nach der Eiszeit lebten. In Lauf der Zeit wurden aus den Ahnen Götter.
2. **Wanaheim** ist die Welt der Wanengötter, der Menschen, die vor der Eiszeit, als Jäger und Sammler lebend, auf natürliche Weise mit dem Kosmos und allen Lebenserscheinungen verbunden waren. Die Wanen verfügen über große magische Kräfte und gelten bis heute als erste Lehrer der Schamanen. Die bekannteste Wanin ist „Freya“ (Beiname „Vanadis“), die erste Schamanin.
3. **Alfheim** zeigt dir die Welt der Elfen. Lichtelfen sind zauberhafte Wesen, die uns Menschen die Macht der Schönheit, Kreativität und Inspiration schenken.
4. **Midgard** zeigt dir die Welt, in der wir heute leben, das Hier und Jetzt.
5. **Muspelheim** Hier wohnen die Feuerriesen, zerstörerische und transformierende Kräfte. Die Macht dieser Welt findest du in Vulkanen und dem tiefen feurigen Erdinneren. Der bekannteste Muspel-Riese ist „Surtur“.
6. **Jötunheim** bezeichnet die Welt der Bergriesen, die zum Beispiel in den Anden oder im Himalaya zu finden sind. „Jöten“ sind wilde, unbändige Naturwesen, die Erdbewegungen aller Art verursachen und so Veränderungen im Außen und Innen bewirken.
7. **Niflheim** Im wässrigen Reich wohnen die Meeresgötter „Aegir“ und „Ran“ sowie die „Disen“, die sowohl Krankheiten verursachen als auch heilen können. Sie lieben die Reinheit und schenken dem, der sie respektiert, ein langes Leben und Gesundheit. Wer sie verärgert, indem er Gewässer oder Wälder verschmutzt, wird von Infektionskrankheiten, Augen- und Nierenproblemen sowie von emotionaler Instabilität gepeinigt.

8. **Schwarzalfheim** ist die Welt der Zwerge, die im Sinne elementarer Kräfte der Natur eher im Verborgenen wirken, in den Tiefen der unbewussten Reiche in den unendlichen Höhlen Utgards. Die Zwerge symbolisieren für uns unter anderem Bedürfnisse und Begierden und sie helfen dabei, durch Fleiß und Ausdauer materiellen Wohlstand zu erreichen.
9. **Helheim** Hier findest du das Reich der großen Urmutter, die sich in der sanft umhüllenden Dunkelheit ihrer Welt um die verstorbenen Seelen kümmert, aber auch den Übergang von einem Leben ins andere begleitet.

nährte sie gut, und sie wurden immer stärker. Und eines Tage wurde die Welt den drei Brüdern zu eng.

Zwischen Feuer und Eis war es langweilig und unwegsam, und eines Tages beschlossen die drei, dass der Platz für Ymir zu klein geworden sei. Er nahm tatsächlich durch seine immense Größe viel Raum in Anspruch. Sie fanden, dass die Entwicklung neuen Lebens den Tod ihres Schöpfers zur Voraussetzung haben müsse. So erschlugen sie Ymir, und das blaue Riesenblut floss in Strömen aus seinem leblosen Körper, wobei es einen unendlich großen blauen Ozean bildete. Aus seinen Zähnen und Knochen formten die drei nun hohe Berge, und aus seinem Fleisch entstanden endlose grüne Wälder und fruchtbares Land. Praktischerweise wurden dabei die meisten Eis- und Feuerriesen ertränkt, sodass die Vulkan- und Eiszeit mit Ymirs Tod in einem milden, tropischen Klima endete, das bald unzählige Tiere, Pflanzen und andere Wesen belebten. Ymirs Schädeldecke mit seinen Gedankenblitzen bildet noch immer unser sternklares Himmelszelt. Es umfängt damit unser gesamtes Universum. Seine Augenbrauen wurden schützend um die Erde gelegt, wo sie als natürliche Barriere das Meer vom Festland und die verbliebenen Eisriesen vom grünen Midgard fernhalten. Mit Odin, Wili und We, der dreifachen Gottheit der Schöpfung, Lebenserhaltung und Zerstörung, begann der Kreislauf von Leben – Tod – Leben, der immerwährende Zyklus der Natur. Der Samen des Weltenbaums „Yggdrasil“ wurde von den Schöpferwesen gepflanzt und wächst immerfort.

AM FUSSE YGGDRASILS

Yggdrasil (Ygg = Ich, Drasil = Träger) ist unser Weltenbaum, der alles, was ist, mit seinen weiten Ästen umspannt. Wenn du ihn erforschst wird dir die Möglichkeit bewusst, in jeder der

▲ Yggdrasil, der Weltenbaum in der nordischen Mythologie, stellt die Verbindung der verschiedenen Welten dar.

Welten einen anderen Aspekt deiner selbst besser kennenzulernen. In beinahe jeder schamanischen Kultur spielt der Baum eine wichtige Rolle, so auch in der unseren. Lass mich ganz unten an den Wurzeln, in Utgard beginnen, und wandere mit mir langsam durch alle Welten aufwärts. So kannst du mit ihm gemeinsam von der Wurzel bis in die Krone zu mehr Bewusstsein hinwachsen.

Der Weltenbaum Yggdrasil hat drei Wurzeln mit unterschiedlichen Funktionen. Eine davon entspringt dem „Urdbrunnen", an dem die magischen Riesinnen und Göttinnen des Schicksals, die drei Nornen leben. Eine weitere Wurzel findet sich bei „Mimir", dem Riesen mit magischen Kräften. Er trägt das Wissen der ganzen Welt, und gemeinsam mit Allvater Odin trinkt er täglich aus der Quelle der Weisheit, um so gewonnene Erkenntnisse in alle Welten zu tragen. Die dritte Hauptwurzel befindet sich in „Helheim", bei der Göttin „Hel", die in unserer Mythologie für den Kreislauf von Leben, Tod und Wiedergeburt zuständig ist.

Der riesige Stamm der Welteneschesteht in Midgard, dort findest du uns Menschen, alle Tiere, Pflanzen und Landschaften der Erde, die uralten und tief naturverbundenen Wanengötter, unsere heiligen Lehrer und Ahnen aus dem ersten Weltzeitalter. Die majestätische Krone des Weltenbaumes erstreckt sich über das lichte „Alfheim", die Elfenwelt, bis nach „Asgard", ins Heim der Asengötter, unseren Vorfahren aus dem zweiten Zeitalter der Erde. Die weit verzweigte Krone ragt hoch bis in die oberen Welten, dort wo sich kosmische Galaxien und überirdische Wesen mit höchstem Bewusstsein finden.

Yggdrasil spielt in unserer spirituellen Entwicklung eine wegweisende Rolle. Lerne ihn in Ruhe von unten nach oben kennen, damit du die neun Welten, auf seinen Zweigen und Ästen wandernd, erkunden und verstehen kannst. Folge dem Wyrd, auf dem unsere Schamanen, Druiden, Gudijas, Goden und Seidrkonas seit Anbeginn reisen, um neues Wissen und spirituelle Kraft zu erlangen. Du kannst es dir wie ein System aus Starkstromleitungen vorstellen, das mit allen Welten verbunden ist. Es ist eine Art feinstoffliches Kanalsystem, durch das die Energien beständig ineinanderfließen. Das Wyrd ist ein begehbares Wegenetz, und mit etwas Übung und Orientierung kannst du in alle neun Welten reiten und fliegen, vorausgesetzt, du findest die Landkarte.

Eine Esche weiß ich, sie heißt Yggdrasil,
die hohe, umhüllt von hellem Nebel,
von dort kommt der Tau, der in die Täler fällt.
Immergrün steht sie am Urdbrunnen.
Von dort kommen Frauen, vielkundige …

Aus der Edda

Die untere Welt

DIE WELT DER NORNEN VERSTEHEN

Unter der ersten Wurzel Yggdrasils verborgen findest du das Reich der drei Nornen „Urd“, „Verdandi“ und „Skuld“. Sie sind uns wichtige, persönliche Lehrerinnen, die immenses weibliches Urwissen hüten. Die drei leben tief unten am Urdbrunnen und weben unentwegt das Wyrd, das alles Leben miteinander verbindet und damit auch die Schicksale aller Menschen. Wenn dir dies bewusst wird, eröffnen sich vollkommen neue Sichtweisen deiner Handlungen. Ihr spinnennetzartiges Gewebe verbindet Vergangenheit, Gegenwart und Zukunft. Sie spinnen ihre Magie direkt aus den Urgewässern der Schöpfung und erschaffen damit lehrreiche und schicksalhafte Begegnungen zwischen unterschiedlichen Wesenheiten.

Mit diesem Wissen erhält der Satz: „In der Natur ist alles verbunden“, eine völlig neue Bedeutung. Wenn du danach handelst, weißt du zum Beispiel, dass sich jede deiner noch so unwichtig erscheinenden Handlungen bis ans andere Ende der Welten auswirken kann. Die drei Nornen können deine Vergangenheit sehen

▲ Die drei Nornen sind Göttinnen des Schicksals, die ihr magisches Wissen zum Wohl aller Wesen verschenken.

▲ Urds Erfahrung und Kenntnis der Vergangenheit sind ein wichtiger Schlüssel für Gegenwart und Zukunft.

und dir sagen, warum bestimmte Dinge geschehen mussten. Sie wissen genau, wer du bist, in welchem Auftrag du in diesem Leben auf der Erde wandelst und welches Schicksal dir vom Zeitpunkt der Frage ausgehend bevorsteht. Sie verlangen von dir für die Beantwortung dieser Fragen Offenheit, Ehrlichkeit und Authentizität. Mit etwas Glück und von Herzen kommenden Worten schenken sie dir von ihrem unendlichen Wissen.

Als Gegenstück zu Odin, Wili und We, den männlichen Schöpferwesen, verkörpern sie das weibliche Prinzip des ewigen zyklischen Wandels und Kreislaufs von Leben – Tod – Leben in der Natur. Sie sind die Urmütter, die jedoch erst durch die göttliche Vereinigung mit dem männlichen Schöpferprinzip die Früchte tragen, um so neues Leben zu gebären, es zu erhalten und wieder zu sich in den Schoß zu nehmen. Die Göttinnen verkörpern das weibliche, verbindende Schöpferprinzip. Schau sie dir genau an und lerne sie richtig kennen, bevor du ihnen dann später Fragen stellst.

Die drei Nornen

Urd ist die erste der drei Weisen. Sie verkörpert die alte, schwarze Frau, die Urahnin und Großmutter, reich an Geschichten und lebenserfahrener Weisheit. Du findest sie vor allem in alten Höhlen. Dort, im tief Dunklen des Unterbewussten, begegnen ihr bis heute mutige Fragende und nach Weisheit suchende Schamanen. In einer profunden Schamanenausbildung sollte ein solches Retreat also nicht fehlen. Urd erzählt dir die Geschichten deiner Ahnen, ihrer Handlungen und was daraus folgte. Sie weiß von vielerlei menschlichen und geistigen Zusammenhängen zu berichten, um dein inneres Dunkel mit jeder Begegnung mehr zu erhellen. Ihre bevorzugte Farbe ist Schwarz, und ihr Lieblingstier ist der weise Rabe, der ihr auch als Bote dient. Wenn du also morgen beim Spazierengehen einem Raben begegnest, frage ihn ruhig, ob er der Bote der weisen Frau Urd ist. Sie hat ein unendliches Gedächtnis und weiß alles, was in der Vergangenheit liegt, zeigt dir alle Ur-sachen von Ereignissen und welche Motivationen und Beweggründe zu einer Handlung geführt haben. Sie kann dir Fragen des „Wieso" und „Warum" zu einem bestimmten

Erleben genauestens beantworten. So kann sie mit ihrer ruhigen Klarheit das Verstehen einer Situation erleichtern und hilft dir bei der tiefen, umfassenden Selbsterkenntnis. Wenn du die Ausgangsbasis und deine Bestimmung für dieses Leben erkunden möchtest, bist du bei Urd bestens aufgehoben.

Verdandi ist die zweite Norne. Sie symbolisiert die reife Frau in ihrer tatkräftigen Lebensmitte. Sie ist eine mütterliche Frau voller Schönheit und Fülle. Ihre Lieblingsfarbe ist das lebensbejahende Rot, und das Tier, mit dem sie besonders verbunden ist, ist die feurige, lustbetonte Löwin oder eine sinnliche Katze. Sie lebt gern unter oder in großen, alten Bäumen und hilft dir, das, was hier und jetzt ist, in all seinen Aspekten zu erkennen und im Inneren liebevoll anzunehmen. Verdandi zeigt dir, wo genau du heute im Leben stehst und wer oder was du in der Welt bist. Du kannst sie auch nach deiner wahren Bestimmung fragen, um dir mehr Klarheit über dein momentanes Sein zu verschaffen. Sie eröffnet Hintergründe und zeigt, wie sie dich und andere zum Handeln motiviert und wozu alles, was mit dir und deinem Umfeld zurzeit geschieht, in deiner persönlichen Entwicklung gut ist. Du kannst mit Verdandis Unterstützung genau sehen, welche Aufgaben dich gerade jetzt erwarten und warum das so und nicht anders ist. Nach dem Sinn des Lebens suchen seit jeher viele Menschen, und die Auskunftei dazu befindet sich nicht nur in philosophischen Büchern, sondern auch bei Madame Verdandi.

▾ Verdandi, die „rote Frau" voller Lebenskraft und Schönheit, steht für die Gegenwart.

Skuld ist eine jugendliche Frau. Sie zeigt sich sanft, auch etwas wankelmütig und natürlich ist sie noch lebensunerfahren. Skuld ist die bildschöne Jungfrau an der Schwelle zum Erwachsensein. Wenn sie dir begegnet, ist sie meist in Weiß gekleidet und trägt gelegentlich einen Blumenkranz im langen Haar. Ihr Lieblingstier ist ein Hase oder manchmal begegnest du ihr in Begleitung eines zarten Rehs. Ihr Charakter und ihr Handeln sind leicht beeinflussbar, und genauso ungewiss zeigt sie dir auch nur eine Momentaufnahme der möglichen Zukunft aus der jetzigen Perspektive. Skuld weiß viele Dinge, die noch nicht gesche-

▲ Skuld zeigt dir deine mögliche Zukunft, die du mit dem Wissen der Vergangenheit und im Bewusstsein der Gegenwart gestalten kannst.

hen sind, aber du kannst diese, im Bewusstsein dessen, auch selbst beeinflussen. All dein heutiges Denken und Handeln, alle Ideen und Inspirationen können zukünftig stattfindende Ereignisse bedingen. Skuld zeigt dir zum Beispiel, was du für eine sinnerfüllte Zukunft tun kannst und wie du die Macht erhältst, dein eigenes Schicksal glücklich und harmonisch zu gestalten. Sie unterstützt dich immer dann, wenn du die Voraussetzungen von hohem Bewusstsein, menschlicher Reife und Eigenverantwortung erfüllst. Entscheiden musst du grundsätzlich selbst. So ist Skuld die Herrin der Zukunft, eine zarte Möglichkeit mit vielen Variablen und veränderlicher Größe.

Mit Hilfe der drei Nornen arbeiten bis heute viele Orakel, Seher und Schamanen. Die meisten Menschen möchten von ihnen ausschließlich etwas über ihre Zukunft erfahren, obwohl diese nur aus dem Moment heraus sichtbar und leicht wandelbar ist. Wäre ihnen bewusst, dass Vergangenheit und Gegenwart zu größerer Einsicht für die eigene Zukunft führen, würden sie ihnen vielleicht mehr Gewicht beimessen. All diese Erkenntnisse und dein eigenes, waches Bewusstsein helfen dir, deine Zukunft selbstverantwortlich zu gestalten.

Die Nornen wissen, dass der Missbrauch von magischem Wissen verheerende Wirkung entfalten kann, und sie verschenken es daher an reife, bewusste Menschen. Sie erwarten weise Voraussicht und Achtsamkeit in seiner Anwendung. Das bedeutet, dass es vor allem dem Wohl aller Wesen und nicht der Verwirklichung egoistischer Ziele dienen sollte. Eine magisch-spirituelle Einmischung in das Schicksal eines Menschen ist ebenso tabu, denn die Zusammenhänge, dessen Möglichkeiten und Aufgaben zu erkennen, erfordern große Weitsicht und menschliche Reife. Du kannst, nach einer gewissen Lehrzeit und wenn du mit ihnen vertraut bist, durch alle Zeiten reisen, um spirituelle Ursachen und Auswirkungen von vergangenen und gegenwärtigen Ereignissen herauszufinden. Die drei Ur-Mütter können persönliche Lebensaufgaben und deine früheren Inkarnationen sichtbar machen. Du kannst mit ihrer Unterstützung bewusst Einfluss auf dein Schicksal nehmen. Voraussetzung dafür sind Ehrlichkeit, Offenheit und Kenntnisse über die spirituellen Gesetzmäßigkeiten des Wyrd.

IM REICH DER GÖTTIN HEL

„Hel“, „Frau Holle“ oder „Helja“ wird dir in vielen Erzählungen ausschließlich als Göttin des Todes begegnen. In meiner Sicht ist das etwas anders. Im Gefüge des Wyrd hat sie wichtige Aufgaben und ist zuerst einmal die Tochter des Gottes „Loki“ und seiner Frau „Angrboda“. Hel wurde in einer Höhle im unterweltlichen Riesenland „Jötunheim“ geboren, und ihre Brüder sind „Jörmungandr“, die Weltenschlange, und „Fenrir“, der hyperintelligente Riesenwolf. Die drei magischen Gestalten lassen erkennen, welche Macht in der Vereinigung der zwei magischen Riesenkräfte lag.

Ihre ersten Jahre verbrachte Hel in Jötunheim mit ihren Brüdern, sie wuchs zusammen mit wilden Wölfen, Bären und anderen Riesen im Eisenwald auf, was ihr aber nicht schadete, sondern eher besondere Achtsamkeit und Scharfsichtigkeit schenkte.

Der Asengott und Magier Odin hatte, auf seinem Thron „Hlidskjalf“ sitzend, von dem aus er alles überblicken konnte, wahrgenommen, dass die drei Geschwister einst eine wichtige Rolle beim Untergang der Welt spielen würden. Er überlegte eine Weile, was er mit ihnen machen sollte, um das Schicksal der Zerstörung Asgards abzuwenden. Ja, Wissen kann belastend sein, denn dann tat er etwas Unerhörtes, was die Zerstörung nur beschleunigte: Er entführte die drei Geschwister einfach aus Jötunheim. Odin warf Jörmungandr kurzerhand über die Reling ins Meer, in der Hoffnung, es würde ihn verschlingen. Was jedoch nicht geschah, denn dieser fühlte sich ganz wohl dort unten im Ozean und wuchs in der Stille atmend einfach weiter. Gleich darauf brachte Odin den Wolf Fenrir mit seinem Boot auf eine einsame Insel, damit er keinen Schaden anrichten konnte. Auch dieser Plan funktionierte nicht, denn letztendlich konnte Fenrir sich befreien, als es an der Zeit war, und verschlang den Asengott.

Odin fürchtet sich auch vor Hel, die aus seiner Sicht zerstörerische Todeskraft in sich trug, obwohl sie doch nur ein kleines Mädchen war. Als er ihr Gesicht genauer ansah, nahm er es auf der einen Seite als wunderschön wahr. Aber die andere Hälfte war bläulich, beinahe unsichtbar, sodass die Knochen durch die Haut durchschienen. Seine Furcht bei diesem Anblick war so groß, dass er Hel weit von sich in den schwarzen Abgrund Ginnungagap schleuderte. Anstatt jedoch zu verzweifeln und leidend zu sterben, wurde das Mädchen dort heimisch, sie wuchs heran und war eines Tages eine weise, umsichtige und vor Magie glitzernde Königin der Unterwelt.

„Hel Lokidottir“ wuchs mit der Zeit zu einer mächtigen Göttin und Magierin heran und erschuf in Utgard ein einzigartiges, friedliches Reich, in dem viele Seelen unserer Verstorbenen wohnen, um im Brunnen der Erneuerung gereinigt und wiedergeboren zu werden. Mit zwei Gesichtern – einer hellen, menschlichen und einer dunklen, geheimen Seite – ist sie mehr als mysteriös und undurchschaubar. Sie ist auch eine Lichtbringerin, die Göttin sanft behütender Dunkelheit, Herrin der verstorbenen Seelen und Bewahrerin der durch Traumata verloren gegangenen Seelenanteile.

▴ Hel, die magische Göttin der Unterwelt, sorgt für den ewigen Kreislauf von Leben, Tod und Wiedergeburt.

Die Göttin der Schatten hilft dir besonders bei der Bewältigung und Aufarbeitung von Ängsten, seelischen Schocks, Alpträumen und Befürchtungen nach verschiedensten schwerwiegenden Ereignissen. Sie hat selbst ausreichend Erfahrung darin und kann eine starke, zuverlässige Helferin in Zeiten starker Veränderungen sein. Für mich ist Hel nicht nur ein Sinnbild der Selbstermächtigung, ihre Geschichte macht mir Mut und zeigt, dass jeder aus einer scheinbar ausweglosen Situation etwas Neues, Besonderes erschaffen kann. Ihr Tier ist der Storch, der als mystischer Seelenbringer fungiert. Indem er Seelen zu neugeborenen Menschen bringt, zeigt er mit seinen Farben auch die Aspekte der drei Nornen. Wenn der Vogel auf dem Haus eines Neugeborenen landet, sagt man noch heute, es wurde vom Schicksal gesegnet.

Welche Aufgaben Hel erfüllt

Die meisten Seelen wandern nach dem Tod des Körpers nach Helheim. Im Wasser der Lebensquelle werden sie von unerwünschten, belastenden Anhaftungen gereinigt, indem sie liebevoll durch den Fluss des Vergessens getragen werden. Im Fluss der Erinnerung werden schöne Erlebnisse und erworbenes Wissen dann wieder zum Leuchten gebracht, sodass ein Mensch, der zur Wiedergeburt einen neuen Körper erhält, Erinnerungen an alles Erlernte mit sich bringen kann.

In ihrem kriegerischen Aspekt ist Hel zu Recht von ihren Widersachern gefürchtet. Durch schonungslose Ehrlichkeit zwingt sie diese dazu, alle eigenen Schattenanteile, alles Unbewusste gnadenlos zu erkennen und das eigene Leben aus der Perspektive des omnipräsenten Todes gänzlich neu zu betrachten. Sie hilft dabei, die inneren Dämonen Gier, Eifersucht, Neid und Egoismus aus einer anderen Perspektive zu sehen, um sie durch stetige Reifeprozesse loszuwerden. Für Ausgestoßene in der Gesellschaft ist Hel ein leuchtendes Vorbild, denn sie zeigt, wie man aus einem scheinbaren Nachteil, aus dem Außenseitertum, neue, heilsame und wertschätzende Gemeinschaft mit unerwarteten Aufgaben entwickeln kann. Auf dem Weg zum modernen Schamanen wirst du mit Hel unweigerlich zusammentreffen, denn ohne sie und ohne die Begegnung mit den eigenen Schatten erhältst du keine vollständige Einweihung.

DER WEG DER SEELEN

Bist du bereit, der dunklen Mutter Hel zu begegnen und auf dem erkenntnisreichen Weg der eigenen Reinkarnationen zu wandeln? Dann folge mir zum „Helweg“, um diesen Teil des Lebens im europäischen kulturellen Kontext besser zu verstehen. Ich ging ihn während meiner Tätigkeit des Öfteren, um die Seelen Verstorbener in Frieden zu begleiten.

Auch heute ist die Begleitung von Seelen eine der wichtigen Aufgaben, die Schamanen und Priester erledigen sollten. Dazu gehört auch das Wissen, welchen Weg die Seele geht und was sie für die Reise benötigt. Leider gab es in Europa einen recht langen Zeitraum, in dem diese Tätigkeit nicht korrekt, im falschen Kon-

▲ Seelenbegleitung ist auch heute wichtig.

RITUAL

WENN DICH RASTLOSE SEELEN BEGLEITEN, VERSCHAFF DIR ERLEICHTERUNG

Wenn du bereits weißt, dass einer oder mehrere Angehörige eines unnatürlichen Todes gestorben sind, ist die Wahrscheinlichkeit hoch, dass sie sich bei dir angedockt haben. Besonders hochsensible Menschen empfinden diese Art des Abschieds als starke Belastung. Wer eine dieser Seelen mit sich trägt, fühlt sich oft ausgelaugt, kraftlos und innerlich schwer. Er hat das Gefühl, dass alle Freude aus seinem Leben gewichen ist, und sieht es als Last. Er friert, auch wenn es warm ist, und verträgt plötzlich das Sonnenlicht nicht mehr. Menschen, die rastlose Seelen mit sich tragen, können davon einen krummen Rücken bekommen. Sie magern ab, sind ausgezehrt und ihr Gesicht verändert sich mit der Zeit, es wirkt verbittert. Wenn diesen Symptomen keinerlei medizinische Ursache zugrunde liegt, wäre die Konsultation eines gut ausgebildeten Schamanen der Weg der Wahl.

Wenn du mehrere dieser Symptome verspürst, versuche dir, mit diesem „Erste-Hilfe-Ritual" selbst Erleichterung zu verschaffen. Es kommt aus

▾ Das Seelenboot, liebevoll mit rituellen Gaben bestückt, begleitet die Seele über den Helweg ins Jenseits.

dem nepalesischen Schamanismus. Versuche, es so korrekt wie möglich durchzuführen, um den Effekt der Reinigung von Anhaftungen zu erreichen. Wichtig ist, während des Rituals nicht zu sprechen, außer die rituellen Worte, und den Mund geschlossen zu halten, egal was um dich herum geschieht.

- **Bereite am Abend in der Dämmerung einen Teller mit Gaben** für die rastlose Seele vor: zwei Münzen, ein Stück Räucherkohle, Streichhölzer oder ein Feuerzeug, je ein Stück von jedem deiner Fingernägel und ein Haar vom oberen Teil deines Kopfes (dies ist kein Voodoo-Zauber, sondern dient dazu, in der geistigen Welt eindeutig klarzustellen, von wem die Gaben kommen), drei winzige Kügelchen Butter (etwa 5 mm groß) gut vermischt mit Mehl, symbolisch für Brot, und ein kleines Kännchen Wasser.
- **Bitte vor dem Ritual um die Unterstützung** deiner kraftvollen Vorfahren und der für dich wichtigen Götter. Zünde im Haus auf deinem Altar eine Kerze an.
- **Gehe zu einer Wegkreuzung** und mache dort ein Stück Erde frei, auf das die Gaben gelegt werden können. Entzünde dort die Räucherkohle, und wenn sie richtig brennt, lege deine Fingernägel und das Haar auf die brennende Kohle. Sage nun der rastlosen Seele mit eigenen Worten, dass die folgenden Gaben von Herzen kommen und für sie gedacht sind, um den Weg ins Jenseits satt und friedlich gehen zu können.
- **Lege jetzt die drei Kügelchen** mit Mehl und Butter auf die Kohle und die Münzen direkt daneben. Wenn alles verbrannt ist, gieße das mitgebrachte Wasser auf die Kohle.
- **Gehe zurück zu deinem Haus** und drehe dich dabei nicht um.
- **Setze dich direkt nach dem Ritual** über eine Räucherschale mit reichlich Beifuß und etwas Baumharz. Lege dir ein großes Tuch oder eine Decke um den ganzen Körper und lass dich durch den Rauch nochmals kräftig reinigen. Wasche zum Schluss deine Hände, dein Gesicht und den Nacken mit kaltem Wasser, um eventuelle Reste von Energien zu beseitigen.
- **Bedanke dich** für die Unterstützung der Ahnen und Götter. Blase die Kerze aus.

text oder unverantwortlich ausgeführt wurde. Dadurch gibt es heute mancherorts Probleme mit rastlosen, wandernden Seelen. Sie haben oft einen frühzeitigen oder unverhofften Tod erlitten, sie starben im Krankenhaus, unter Anwendung lebenserhaltender Maßnahmen, oder hatten einen Unfall, was verhinderte, dass sie in Ruhe ihren Weg gehen konnten. Diese Seelen sind für Hinterbliebene nicht per se schädigend, sie haben auch keine bösen Absichten, sind jedoch kraftlos und hungrig und finden dadurch ihren Weg nicht. Daher wandern sie suchend umher und rauben den Anverwandten die Lebenskraft, indem sie sich an deren Energiekörper „andocken", was Störungen und Krankheiten verursachen kann. Sie tun dies aus dem natürlichen Bedürfnis heraus, Kräfte für ihre Reise zu sammeln, denn ohne entsprechende Nahrung schaffen sie es nicht. Für das Geleit benötigen sie also rituelle Seelennahrung sowie die Kraft und das Wissen eines Priesters oder Schamanen, der sie auf der Fahrt ins Jenseits begleitet.

DIE REISE IN HELS REICH

In jeder Mythologie existiert eine exakte Landkarte der Welten der Lebenden und der Toten, die hilfreich zum Verständnis und bei der Begleitung von Seelen ist. Wenn in unserer mitteleuropäischen Kultur die Reise ins Jenseits normal, also im eigenen Kontext und gut begleitet, vonstattengeht, findet sie innerhalb von etwa 40 Tagen statt (der Zeitraum ist interessanterweise weltweit derselbe). Man sagt im Volksmund „Die Seele geht zu Fuß.", was den langen Weg in die andere Welt meint. Mit Gaben gesättigt und von allen Mühen und Anstrengungen des Lebens befreit, wandert sie gemächlich hinunter bis nach Helheim, in Hels Reich. In anderen europäischen Kulturen heißt die dunkle Göttin „Libitina" (römisch), „Morrigan" (keltisch), „Hekate" (griechisch) oder „Morana" (slawisch).

Ein Mensch, der gestorben ist, sollte auch heute noch symbolisch zwei Münzen mit ins Grab bekommen, damit er die Überfahrt ins Jenseitsreich bezahlen kann. Um zur großen Göttin Hel zu gelangen, durchwandert eine Seele bestimmte mythologische Stationen. Sobald sie den Körper verlassen hat, führt ihre Reise über den Helweg, den „Weg des Seelenheils", der den Verstobenen nochmals an bestimmte Stationen seines Lebens erinnert. Diese heilsame Rückschau hilft dabei, kranke Seelenanteile und schlimme Erlebnisse zu befrieden und eventuell schon abzulösen.

Im „Fluss des Vergessens" reinigt sich die Seele nun von den Anhaftungen des vergangenen Lebens. Sie darf alles Belastende und Traumatische zurücklassen, und frei und leicht die Fähre betreten. Der Fährmann erhält die symbolische erste Münze und bringt die Menschenseele zur nächsten Station, auf eine Insel, die sich genau in der Mitte der beiden Flüsse der Erinnerung und des Vergessens, zwischen den Welten der Lebenden und der Toten befindet. Es ist ein ödes Eiland, auf dem die gewaltige Riesin „Modgudr" und der Hund „Managarm", die treuen und unbestechlichen Wächter Helheims, wohnen. Sie lassen niemanden vorbei, der nicht tatsächlich für das Totenreich bestimmt ist. Daher müssen die beiden alle ankommenden Seelen gründlich inspizieren und beschnuppern. Wenn sie eindeutig für tot erklärt wurde, darf die Seele weitergehen. Wer dazu noch nicht bereit ist, oder wessen Stunde noch nicht gekommen ist, wird in die Welt der Lebenden zurückgeschickt.

Der Weg geht nun weiter auf eine große, mit Blumen bewachsene Wiese, über die ein Pfad direkt zum Ufer des „Flusses der Erinnerung" führt. Auf der Insel kann die Seele bereits in das Reich der verstorbenen Ahnen schauen und sich auf die Vereinigung mit ihren Lieben freuen. Um zum anderen Ufer zu kommen, bezahlt sie nun den Fährmann mit der zweiten Münze. Während der Überfahrt darf sie sich noch einmal an das, was sie an Weisheit, Wissen und Erkenntnissen erworben und an die schönen Dinge, die sie als Mensch erlebt hat, erinnern. All dies fließt mit dem Strom direkt als Segen in die Welt und an die trauernden Hinterbliebenen zurück. Daher denkt man auch gern an den Verstorbenen, erzählt die guten Dinge, die er getan hat, und teilt die schönen Erinnerungen miteinander.

Dann darf die Seele weiterfahren und frei und leicht durch das große Tor in Hels Reich einkehren. Farewell. Von hier gibt es keine Wiederkehr. Mit diesem Wissen kannst du sicher nachvollziehen, dass Menschen, die eine Nahtoderfahrung gemacht haben, von schönen Bildern berichten, von einem lichten Tunnel, an dessen Ende sich eine Blumenwiese befindet, auf der schon die Ahnen auf sie warteten. Ihnen wird nach einem solchen Ereignis all das, was ihnen Gutes im Leben widerfuhr, deutlich

▲ Rituelle Gaben für die Seele von Verstorbenen gibt man vor allem Anfang November, wenn der Schleier zwischen den Welten der Lebenden und der Toten besonders durchlässig ist.

bewusster. Dieses Erleben und die so gewonnene Erfahrung des allgegenwärtigen Todes führen danach manchmal zu einer tiefgreifend positiven Veränderung einer Persönlichkeit. Dieses Phänomen beschreiben manchmal Menschen, die im Koma waren und nach einiger Zeit ins Leben zurückgekehrt sind.

Ein Schamane hat die Möglichkeit, mit seiner Trommel auf die Insel zwischen den Welten zu reisen und dort mit Modgudr zu kommunizieren, um zu erfahren, ob ein Mensch, der schwer krank ist oder im Koma liegt, das überleben wird. Die Inselbewohner kennen manche Wege, mit denen man verlorene Seelenanteile wieder ins Leben zurückholen kann. Daher sind sie wichtige Verbündete von Schamanen unserer Kultur. Diese tiefgreifende Seelenarbeit erfordert vom Ausführenden viel Erfahrung, innere Stabilität und einen guten spirituellen Schutz.

Früher war es in germanischen und slawischen Gegenden Brauch, die Verstorbenen in einem Boot zu beerdigen und so auch sichtbar „über den Fluss" zu schicken, um sie ins Reich von Hel zu bringen. Um die Seele zu befrieden, erhielt sie während der schamanischen Totenrituale zusätzlich Gaben wie gekochtes Essen, etwas zu trinken und Getreide, die sie als Wegzehrung für die lange Fahrt ins Jenseits benötigte. Vor allem verhinderte dies im Sinne der Verwandten die unerwünschte Wiederkehr zur Unzeit, die eine hungrige Seele veranlasst, bei Hinterbliebenen um Nahrung zu bitten. Eine Münze wurde auf jedes Auge gelegt, um die Überfahrt an beiden Flüssen zu bezahlen.

In den gastfreundlichen Hallen Helheims kann die müde Seele dann ausruhen. Sie wohnt hier mit bestem Essen, Musik und vielen Freuden, bis die Zeit ihrer Wiedergeburt gekommen ist.

WIE DIE SEELE INS LEBEN ZURÜCKKEHREN KANN

Ist eine Seele bereit zur Reinkarnation, bringt Hel sie zu den Nornen, die gemeinsam über ihr nächstes Leben und dessen sinnvolle Aufgaben beratschlagen. Heute kennen viele Menschen ihre Bestimmung und ihre Vorleben nicht, da die Reinkarnationstheorie in Europa ins Vergessen geraten ist. Jedoch kann uns das helfen, im Hier und Jetzt bewusster zu handeln. Eine schamanische Reise zu den Nornen, zum Reich der heiligen Ahnen oder zur weisen Hel könnte dir darüber mehr Aufschluss geben.

Seelenwanderung

Wenn ein Mensch den Kreis seiner Inkarnationen erfolgreich abgeschlossen und alle spirituellen Aufgaben seiner vorigen Leben erfüllt hat, wandert seine Seele nicht zurück nach Helheim, sondern je nach ihrer Bestimmung nach „Walhalla" oder nach „Sessrumnir", ins Reich der Götter und höheren Wesen. Walhalla ist die Halle der Könige, Herrscher, Helden und erfolgreichen Krieger Odins, Sessrumnir die der Weisen, Schamanen, Heiler und Magier Freyas.

In den heiligen Hallen trifft die Seele, die ihre Bestimmung vollendet hat, auf die höheren Wesen unserer Welten. Sie darf mit ihnen an einer mit Schönheit, Segen und Weisheit gedeckten Tafel sitzen, um sich über das durch die Inkarnationen erworbene Wissen auszutauschen. Die erleuchteten Seelen wandern nicht mehr zurück auf die Erde, sondern werden jene heiligen Ahnen und göttlichen Wesen, die uns spirituellen Rat geben. Sie hüten das Ahnenwissen aller Zeiten und können dich vieles lehren. Mit ihnen kannst du dich in schamanischen Ritualen verbinden, um direktes Wissen aus der eigenen Ahnenlinie und Kultur zu erhalten.

Die Seelen verstorbener Schamanen wandern nach dem Tod ihres Körpers ebenfalls nicht nach Helheim, es sei denn, sie haben sich der dunklen und missbräuchlichen Magie verschrieben. Sie gehen meist auch nicht zu den verstorbenen Kriegern nach Walhalla, wenn

▴ Heilige Ahnen haben den Kreis der Inkarnationen abgeschlossen und ihr Leben vollendet. Sie wandern nach ihrem Tod direkt in die Hallen der Götter.

der Kreis noch nicht vollendet ist, sondern verweilen über längere Zeit an den Grenzen der mittleren Welt in einer Art Grauzone. Wenn die Seele des Schamanen im Tod den Körper verlässt, sucht sie zuerst eine Zeit lang in der Familie oder im Umfeld nach einem würdigen Nachfolger. In den meisten Kulturen der Welt beträgt dieser Zeitraum vierzig Tage, genauso lange, wie die Wanderung nach Helheim dauert. Währenddessen können in der hinterbliebenen Familie Störungen und Komplikationen auftreten, da die wandernde Seele, wenn sie nicht gebührend beachtet wird, versucht, von den Verwandten Aufmerksamkeit zu bekommen. Wichtig ist zu wissen, dass diese Seelen sehr kraftvoll sein und somit ohne Begleitung auch Probleme verursachen können. Im Falle des Todes eines Schamanen ist eine Unterstützung durch einen erfahrenen Kollegen auch heute notwendig. Ein solcher Prozess kann besonders jetzt, aufgrund der unterbrochenen Traditionen und der Unwissenheit der Angehörigen, kompliziert und langwierig sein. Eine wandernde Schamanenseele kann sich, wenn sie nicht erkannt und entsprechend geleitet wird, wie ein Fluch auf mehrere Generationen auswirken.

Der Weg der Reinkarnation

Nicht jede Generation bringt starke Schamanen-Nachfolger hervor. So lange, bis die Seele von einem anderen Schamanen befriedet wird oder einen geeigneten Menschen zur Reinkarnation gefunden hat, können ständig wiederkehrende Erkrankungen von Körper, Geist und Seele in der Herkunftsfamilie die Folge sein. Auch Epilepsie und psychische „Erbkrankheiten“ können durch eine solche Seele beeinflusst sein. Bei diesen speziellen Problemen sind Schamanen als Heiler gefragt, da sie bestenfalls gut darin geschult sind, die Familie in der Auffindung und Behebung der Ursachen solcher Störungen zu unterstützen.

In früheren Zeiten gab es einen Brauch, dass tote Körper nach ihrer Verbrennung am Stammbaum der Familie begraben wurden. Ihre Seele konnte, durch die Asche materialisiert, über die Wurzeln und den Stamm des Familienbaums in die „höheren Welten“ der Baumkrone steigen, um dann über die Blätter in den Äther zu fliegen. So wurde damals sichergestellt, dass die Seele auch frei war, jederzeit wieder in unserer Welt zu inkarnieren. Heute finden wir diesen Teil der Vergangenheit in modernen Friedwäldern wieder, deren Atmosphäre ich als besonders harmonisch empfinde.

▾ Ein 5000 Jahre alter Grabhügel in meiner Heimat Mecklenburg-Vorpommern. Wurden dort einst Schamanen begraben?

Eine Menschenseele hat grundsätzlich ein Mitspracherecht beim Aussuchen ihrer Bestimmung für die nächste Reinkarnation. Sie entscheidet sogar, wer ihre Eltern werden, welche Gestalt und welches Geschlecht sie diesmal annimmt. Die Aufgaben der Seele bestimmen zwar die Nornen, die erleuchteten Ahnen, die Götter und Göttinnen gemeinsam vor der Geburt, was der Mensch aber daraus macht, ist ihm grundsätzlich selbst überlassen. Wenn der Storch die Seele heute zu einem Neugeborenen bringt, erhält es dadurch Hels und der Nornen Segen und Schutz und damit wichtige Voraussetzungen für das zukünftige Leben. Wenn du den Weg der Seele tiefer kennenlernen möchtest, zeige ich dir im letzten Kapitel (siehe Seite 134) eine Übung, um dich selbst an dein Vorleben und seine für dich wichtigen Ereignisse zu erinnern.

ENTDECKE DIE GEHEIMNISSE DER RIESEN

Riesenkräfte verkörpern für mich die Verbundenheit des Menschen mit kosmischen Kräften. Ymir, der Schöpfer selbst, war der Urmensch, dessen Kräfte sich bis in das Universum ausbreiteten. Er war mit allem, was lebt,

▲ Im Angesicht der gigantischen Bergriesen der Hohen Tauern in Österreich kommt man sich als Mensch fast wie eine Ameise vor.

tief verbunden. Erst durch seinen Tod entstand die Erde mit ihren Naturreichen. So finde ich bis heute Riesenkräfte in allen Elementen: in der Erde, dem Wasser, der Luft und dem Feuer. Die Riesen wirken sowohl die Natur erschaffend, liebevoll erhaltend als auch wild und reißend, tosend und zerstörend, im Chaos alles von Neuem beginnen zu lassen. Sie sind scheinbar unbeherrschbar, und nur wenige wagen es, mit ihnen in Kontakt zu gehen. Die Reiche der Riesen und Menschen sind immer noch miteinander verwoben, denn Riesen verkörpern unsere eigenen wilden Urinstinkte und Handlungen. Ihre Fähigkeiten zeigen sich in uns während eines Überlebenskampfes, in dem wir buchstäblich übermenschliche Kräfte entwickeln können. Sie entsprechen auch den ungezähmten Kräften von Feuer, Wasser, Erde, Luft und Äther in uns selbst

Der Atemzug eines Giganten kann Kontinente entstehen lassen und deren Untergang innerhalb von Sekunden verursachen. Vor diesen gewaltigen Kräften, die auch in uns vorhanden sind, verneige ich mich mit höchstem Respekt. Trotz aller technischen Erkenntnis unserer modernen Welt steht die große, dem Verstand unbegreifliche Kraft der Riesennatur immer noch weit über dem, was wir als einzelne Menschen mit unserer Logik bewirken können.

Fasziniert beobachtete ich die erhabenen Steinriesen der Hohen Tauern, die über Jahrtausende ein Bergmassiv hinaufschieben, um

EXKURS

LOKIS UND THORS REISE ZU UTGARDLOKI

Als Thor und Loki noch gute Freunde waren, reisten sie zusammen mit den Dienern Thialfi und Röskwa ins Land der Riesen nach Utgard. Thor wollte ihnen mit seiner Waffe, dem Hammer „Mjölnir", so wie er es schon oft getan hatte, Einhalt gebieten. Nach einigen Abenteuern im Eisenwald lockte der Riese Utgardloki die Reisenden durch Tricks und Zauberei in seine Halle. Er nötigte sie, an einem Wettkampf teilzunehmen, wohl um zu sehen, wie groß Thors Kraft tatsächlich war.

Zuerst sollte Loki im Wettessen einen Mann namens Logi besiegen. Loki konnte eine Menge essen, doch Logi verschlang unendlich mehr, sodass dieser Wettkampf verloren war. In Wahrheit war Logi jedoch das wilde Feuer, das alles verschlingen konnte, was existiert.

Dann sollte der Diener Thjalfi zum Wettlauf gegen ein Wesen namens Hugi antreten. Er hatte keine Chance, Hugi war schneller als der Wind und siegte leichten Herzens, denn er war die Kraft der Gedanken.

Utgardloki hatte noch drei weitere Aufgaben für Thor: Er gab ihm ein großes Trinkhorn, das er leeren sollte. Thor trank und trank, als er es jedoch absetzte, war es noch fast voll. Das Horn hatte Utgardloki direkt mit dem weiten Meer verbunden, sodass es niemand leeren konnte.

Nun bat ihn der Magier, eine Katze aufzuheben, die in der Halle des Riesen lebte. Thor bekam nur ein Bein vom Boden, was ihn mehr als wunderte. Die Katze war jedoch die riesige Midgardschlange Jörmungandr selbst, die so verwandelt nicht zu erkennen und unbesiegbar war.

Dannach sollte er mit dem stärksten Riesen ringen. Utgardloki verärgerte ihn dabei, indem er eine uralte Frau namens Elli in den Ring schickte. Sie war jedoch so stark, dass Thor sie weder umwerfen noch besiegen konnte. Elli war das Alter, das jeden einmal besiegt und niemals besiegt werden konnte. Thor fühlte sich blamiert und beschämt, denn er konnte die Zaubertricks des Riesen nicht ergründen.

Am nächsten Morgen lüftete Utgardloki sein Geheimnis und erklärte, wie er sie mit Zauberei getäuscht hatte. Er ließ Thor und seine Begleiter in Frieden ziehen, allerdings mit der Auflage, ihn nie wieder aufzusuchen.

es bei passender Gelegenheit polternd ins Tal hinabzustürzen. Ich finde Riesenkraft auch im Wasser, das von Quellen zu sanft sprudelnden Bächen und manchmal zu reißenden Flüssen und Muren wird, um dann wiederum in unergründlichen Seen zusammenzufließen. Wenn es den Wasserriesen gefällt, überschwemmen sie auch mal einen ganzen Kontinent.

Der Riese Utgardloki

In der Unterwelt Utgard lebt ein unbezwingbarer Schwarzmagier namens „Utgardloki“, den selbst der trickreiche Loki und der starke Ase Thor nicht besiegen konnten. Diese unterirdischen Kräfte finde ich aus menschlicher Perspektive in traumatisierten Gegenden unseres Unterbewusstseins. Sie zeigen sich im Missbrauch von magischem Wissen in Form von Manipulation und Schadenszauber. So verkörpert Utgardloki viele unterdrückte Gefühle wie Ängste, Wut und Eifersucht, die in uns ganz wie Dämonen agieren und ihre „Tricks“ anwenden, um uns gefügig zu halten. Diese Kräfte nähren sich von Angst, dem inneren emotionalen Chaos und Unglück. Eine Begegnung mit Utgardloki in einer Meditation mag unangenehm sein, jedoch kann sie helfen, diese besser wahrzunehmen und so zu lernen, sie anzunehmen und zu besänftigen.

Die Riesenkräfte der Natur

In der kalten Welt Niflheim leben bis heute, neben den Meeresgöttern und Disen, die Eisriesen, raubeinige Gewalten, die selbst im Hochsommer die Sonne verdunkeln und Sturm, Schnee und Hagel verursachen können. Sie sind buchstäblich der „kalte Guss an einem Sonnentag“, der nach einem freudigen Ereignis schlechte Nachrichten mit sich bringt. Stürme und Gewitter tragen ebenfalls Riesenenergien in sich, achte einmal darauf. In aufgetürmten Gewitterwolken erkennt man sie und auch im Auge eines Hurrikans oder Taifuns.
Riesen sind die größten Feinde des Asen Thor, denn er gilt als Bewahrer der Kultur und Beschützer der Menschenwelt sowie der fruchtbaren, inneren Gefühlsebenen. Um den Schaden zu minimieren, ging „Asa-Thor“ ,wie der

Asengott in der Edda auch genannt wird, als vorzeitlicher, eher raubeiniger Zauberer auf „Riesenjagd“, und indem er mit ihnen auf wilde, laute, unbeherrschte Weise kommunizierte, versuchte er, das Chaos in sich selbst zu beherrschen. Manch einem erfahrenen Zauberer gelingt die Kommunikation mit Riesen auch heute. Jener kann, so wie mein tibetischer Freund und Lama Pema Tenzing aus dem Himalaya, den Regen herbeirufen, oder gar den Schaden eines Hagelschauers oder Orkans mit einem passenden Zauberspruch stoppen.

Die Riesenkräfte der Natur haben vor allem Leben existiert, wirken bis heute im Außen und Innen und werden wohl immer noch da sein, wenn es eines Tages keine Menschen mehr gibt. Zeit hat hier eine vollkommen andere Bedeutung als für uns, da Jahre in Millionen gezählt werden. Aus meiner modernen Sicht sehe ich Riesen weder als „gute“ noch als „böse“ Naturkräfte. Sie verkörpern unsere pure Urkraft ohne Ziel, und diese ist direkt mit den Kräften verbunden, die für das natürliche Gleichgewicht auf Erden sorgen.

Der Asengott Thor

Thor ist einer der wichtigsten Götter und DER Beschützer der hiesigen spirituellen Welt. Er handelt zwar nicht immer bewusst, da er eine einfache und körperlich starke Kraft ist, aber er ist derjenige, der in schwierigen Situationen Körper, Geist und Seele vor gröberem Schaden beschützt. Ich würde Thor daher den spirituellen Bodyguard der germanischen Schamanen nennen. Mjölnir, sein magischer Hammer, wird seit der Zeit der germanischen Urahnen als Schutzsymbol und Wahrzeichen Thors getragen. Wenn du selbst einen solchen Hammer als Amulett besitzt, kannst du ihn mit meinem Spruch weihen, damit er besser mit der Kraft des Donnergottes verbunden wird:

Herr des Donners, Herr der Blitze
Komm hierher zu mir, beschütze
Meine Kraft, mein Haus, mein Feld
Thor, du bist mein großer Held

Mit diesem Spruch erhält dein Hammer eine direktere Wirkung und du kommst in Verbindung mit dem Asengott.

DAS VERBORGENE VOLK DER ZWERGE

Im Gegensatz zu den Riesen leben Zwerge – im Sinne elementarer Kräfte der Natur – eher im Verborgenen, in den Tiefen der unbewussten Reiche unterhalb der Berge und Seen. Sie wohnen in den unendlichen Höhlen Utgards. Utgard spiegelt mir hier meine eigene Unbewusstheit durch Träume, Bedürfnisse und Sehnsüchte wider. Wer hat sich noch nie insgeheim nach etwas materiellem Wohlstand gesehnt? Eine der spirituellen Aufgaben der Zwerge besteht darin, sich dieser Wünsche und Sehnsüchte bewusst zu werden, um sie dann möglichst achtsam in die Tat umzuset-

▲ Die elementaren Kräfte der Zwerge, die im Verborgenen wirken, unterstützen uns dabei, materielle Dinge zu erschaffen.

zen. Die Zwergenkraft lebt sich in unserem Willen aus, der, mit Geist und Ideen inspiriert, in der Lage ist, etwas Materielles zu erschaffen. Meiner Meinung nach wurden uns Menschen bereits früh in der Entwicklung die schöpferischen Fähigkeiten, handwerkliches Können und die Sicherung des Überlebens durch Handarbeit auch in widrigen Umständen bewusst.

Die Zwerge verkörpern elementare Kräfte, deren Fähigkeit darin besteht, aus einem Gedanken durch Transformation in eine Tat etwas Gegenständliches zu zaubern. Sie zeigen uns, dass wir, um Bleibendes zu erschaffen, tätig und fleißig sein müssen und eine gewisse Disziplin brauchen, um etwas wirklich fertigzustellen. Nützliche irdische Dinge herzustellen und die Früchte der eigenen Arbeit genießen zu können, möchte uns daran erinnern, ausreichendes, gutes Essen und Trinken dankbar anzunehmen. Es lehrt uns, in kalten Zeiten für warme, gemütliche Räume zu sorgen. Unsere „inneren Zwerge“ freuen sich von Herzen, wenn wir, müde vom fleißigen Tagwerk, abends ein gutes Essen genießen oder bei einem kühlen Trunk im bequemen Sessel den Abend ausklingen lassen.

Die magischen Kräfte der Zwerge

Zwerge sind die Schirmherren der Redlichkeit fleißiger Handwerker, der Schmiede und Bergbauarbeiter, Mineralienverarbeiter, Maurer und Bergbauern. Sie unterstützen wichtige spirituelle und menschliche Qualitäten wie Fleiß, Ausdauer, Durchhaltevermögen, Schaffenskraft. Mit ihnen an der Seite gelingt eine Renovierung oder ein Hausbau besonders gut. Auch

▲ Schamanen sehen im Volk der Zwerge kluge Wegweiser, die sie unterstützen und auch einen achtsamen Umgang lehren.

im Schamanismus braucht es Disziplin, wenn man eine profunde Ausbildung absolvieren und auch an unerfreulichen Tagen seine Arbeit verrichten möchte.

In meiner Heimat gab es den Brauch, für das „Kleine Volk" Essen und einen guten Trank an einen hohlen Baum oder großen Stein zu stellen, bevor man ein Haus bezog. So kann ich mir vorstellen, dass es auch heute hilfreich ist, liebevoll mit diesen wichtigen Kräften verbunden zu sein.

Für einen Schamanen sind die „Kleinen" auch kluge Wegweiser und Lehrer des achtsamen Umgangs mit den materiellen Aspekten der Unterwelt, den eigenen Bedürfnissen, die in Achtsamkeit gelebt werden wollen. Sie zeigen alle Ein- und Ausgänge des Unterbewusstseins und helfen dir gern auf die Sprünge, wenn du dich im Gewebe des Gefühlslebens und der alltäglichen Bedürfnisse im Müßiggang verloren hast. Zwerge unterstützen dich dabei, deine wahren Bedürfnisse von Manipulationen und Konsumdenken zu unterscheiden und sie so bewusster zu handhaben.

Ihre magischen Kräfte sind nicht zu unterschätzen. Sie können dir helfen, dich vorab auf eine reine Absicht zu konzentrieren und diesen Fokus zu halten. Eine von Zwergen gesegnete Trommel kann dich dabei unterstützen, alle unsere Welten bei voller Kontrolle eigener unbewusster Bedürfnisse und Wünsche zu bereisen. Von Schmieden eigens gefertigte metallene Nägel und Glöckchen darin vertreiben neidige Blicke, gierige Hände und unersättlichen Hunger nach Anerkennung. Ihr Segen trägt dazu bei, ein gutes Auskommen und materiellen Wohlstand – nicht jedoch unermesslichen materiellen Reichtum – zu erreichen.

▲ Sich mit der Zwergenkraft zu verbinden, kann sich für dich als sehr hilfreich erweisen.

Wenn du mit der Zwergenkraft verbunden bist, wird aus dir vielleicht ein besonders begabter und kreativer Handwerker oder ein erfolgreicher Gold- und Mineralienhändler. Auch alle anderen Menschen profitieren davon, ihre Absichten zu sortieren und den Herzensraum von der Beeinflussung durch unerfüllte Bedürfnisse und materielle Gier reinzuhalten. Zwerge haben, wie alle Wesen, eine wichtige Rolle im natürlichen inneren Gleichgewicht. Ohne das bewusste Erkennen deiner wahren Bedürfnisse wirst du leicht manipulierbar bleiben. Und mit dem Erkennen dieser Anteile darfst du immer mehr zu dir selbst hinwachsen.

Die mittlere Welt

WAS WIR VON DEN WANEN LERNEN KÖNNEN

Die ersten Menschen wurden, dem germanischen Mythos nach, aus zwei Bäumen erschaffen. Wie du aus den vorherigen Kapiteln weißt, werden Bäume in unserer Kultur symbolisch mit dem Menschen als materialisierte Seele verglichen. Daher stammt vielleicht auch unsere enge Beziehung zu ihnen. Sie zeigen uns, dass man in allen drei Welten verwurzelt und mit allem verbunden sein kann. In vielen anderen Kulturen sieht man Bäume ebenfalls als Symbol für den aufrecht stehenden Menschen.

„Ask", der erste Mann, entstand aus einer Esche, die die Schöpfer Odin, Wili und We am Ufer des Meeres fanden. Odin gab ihm seine körperliche Form, Wili verlieh ihm den Geist, und We schenkte dem Menschen die Kraft der Erkenntnis. Die Esche wird bis heute „Feuerbaum" genannt und entspricht im übertragenen Sinne den männlichen Qualitäten von klarer innerer Ausrichtung, Entscheidungskraft und Konzentration auf ein Ziel: Feuer = Geist = Ich. Sich mit der Qualität Esche zu verbinden, hilft dir, gedankliche Muster, Strategien und Strukturen des eigenen Handelns zu erkennen. Auch Bogen werden bis heute bevorzugt aus Eschenholz gebaut, was die direkte Ausrichtung der Gedanken symbolisiert. Im Sinnbild von Ask findest du Qualitäten, die auch in der heutigen Welt mehr denn je gebraucht werden.

„Embla", die erste Frau, wurde aus einer am Ufer des Meeres liegenden Ulme erschaffen (und nicht etwa aus einem Körperteil Asks). Genauso stark wie Ask, bildet sie mit ihrer weiblichen Qualität das Gegengewicht, mit ihrer Kraft der Liebe, der Wandlung und des Fließens. Ulmen wachsen besonders gern direkt am Wasser. Embla zeigt dir die fließende Kraft der Liebe, und damit erfährst du Wege der natürlichen Heilung. Du erlebst mit der Urahnin die Freuden gesunder Mütterlichkeit, bedingungslose Liebe und die zarte Hingabe an den Moment. Ihre Kraft zeigt dir, wie sich die wohlige Geborgenheit eines Zuhauses und das System eines intakten Familienclans anfühlen können. Ask und Embla bieten dir viele wertvolle Anhaltspunkte, die beim Entdecken der eigenen Identität helfen können.

▲ Der Lebensfunke, das innere Feuer, ist die schöpferische Kraft, die Freude schenkt und Neues entstehen lässt.

Der Lebensfunke

Als die ersten Menschen Ask und Embla erschaffen wurden, kam zufällig Loki vorbei. Der Halbriese und Halbwane, der durch Blutsbruderschaft mit Odin zum Gott wurde, fand die Schöpfung der drei Götter Odin, Wili und We durchaus ansprechend, jedoch fehlte ihr aus seiner Sicht etwas Entscheidendes. Loki dachte nach und fand es: Er verlieh den ersten Menschen das innere Feuer, die Freude und den sie umgebenden leuchtenden Schein. Er nannte es den „sprühenden Lebensfunken“, was die drei anderen Schöpfer durchaus begrüßten. Viel später, als die Menschen begannen, in Häusern zu wohnen, brachte er ihnen bei, ein wärmendes Herdfeuer zu entzünden, das ihr Überleben in der kalten Zeit sicherte. Seither wurde Loki für seine Freundlichkeit von den Menschen geschätzt und geehrt. Bei jeder Mahlzeit wurde der erste Bissen ihm zu Ehren ins Feuer gegeben.

Dieser leuchtende Schein – auch „Seelenfunke“ oder „Seelenfeuer“ genannt – ist bei einem gesunden Menschen für Schamanen sichtbar vorhanden. Heute würde man dazu vielleicht „Charisma“ sagen, eine besondere Art von Schönheit und natürlicher Ausstrahlung. Wenn jemand ein schweres Trauma erleidet, geht dieser Anteil der menschlichen Seele auch verloren. Bei einem Schock zum Beispiel kann er aus dem Körper austreten, was verschiedene Symptome mit sich bringt. Der Mensch fühlt sich dauerhaft müde, kann schlecht schlafen, hat schwere Träume. Es kann dazu führen, dass jemand seine Lebensfreude vollkommen verliert und so im Handeln träge wird, alles fällt ihm

schwer, und mancher beschreibt, dass er sich körperlich nicht mehr spürt. Je nachdem, welches Trauma es war, kann der verlorene Anteil sich in allen drei Welten befinden.
Ein hinzugerufener Schamane ist in dem Fall gefragt, diesen Anteil mit seiner Fähigkeit, die Welten aus der Vogelperspektive zu betrachten, wiederzufinden. Er geht mit seiner Trommel auf die schamanische Reise, um ihn zu suchen, mithilfe seiner geistigen Helfer zurückzubringen und in den Kopf des Hilfesuchenden an der Fontanelle einzublasen. Ist der Mensch wieder vollständig, verbindet er den Seelenanteil mit dem Körper, indem er ein rituelles Lied singt und symbolisch eine „Nabelschnur" um den Hals schlingt. Diese muss dann mehrere Tage getragen werden, um die Verbindung zu stärken. Ebenfalls notwendig ist eine Kopfbedeckung. Mit ihr wird sichergestellt, dass der Seelenanteil nicht wieder aus der Fontanelle austreten kann. Nach einer Weile, normalerweise nach drei bis sieben Tagen, ist der Lebensfunke wieder fest verankert, und der Mensch fühlt, die Lebenskräfte und die Freude sind wieder bei ihm.

Die Naturverbundenheit der Wanen

Die „Wanen", als erste Menschenseelen auf der Erde, waren Nomaden und auf ureigene Weise mit allem, was ist, verbunden. Sie hatten eine selbstverständliche Art, mit Naturphänomenen und Magie umzugehen. Ihr Reich „Wanaheim" existiert immer noch, weit weg von der Zivilisation am Rande von Midgard. Ich vermute, dass mit den Wanen die wenigen, heute noch nomadisch lebenden Naturvölker gemeint sind. Die ersten Menschen lebten ein einfaches Leben inmitten der unendlichen Urwälder und Steppengebiete. Sie ernährten sich von Früchten, Wildgemüse und Wurzeln, die sie sammelten. Sie jagten und fischten, und im warmen Klima fanden sie im Freien oder in natürlichen Höhlen eine nächtliche Unterkunft. Ihre Heimat waren die grasbewachsenen Ebenen der nördlichen und westlichen Gegenden Europas und die endlosen Wälder des Nordens, wo sie Wild und Beeren fanden.
Auf immerwährenden Traumpfaden wandelten sie, in ihrer Seele tief mit dem Kosmos verbunden, durch eine allseits beseelte Wildnis. Ihre Naturverbundenheit war überlebensnotwendig. Die sie umgebenden Kräfte waren sichtbar, fühlbar und direkt mit den Händen berührbar. So war alles, was ist, für sie von Magie und Wundern durchdrungen. Du findest noch heute die Ursprünge der Menschheit, wenn du die wenigen nomadisch lebenden Aborigines in Australien oder abgelegene indigene Stämme des Amazonas besuchst. Auch in einsamen Hochtälern des Himalaya leben einige Stämme noch wie damals. Sie und ihre heiligen Traumpfade sind die einzigen Überlebenden der Voreiszeit. Diese Menschen mit ihrer ursprünglichen Lebensweise sind direkt mit den Wanen der Urzeit verwandt.

Die Kraft der Wanen nutzen

Die Wanen haben ihre Fähigkeit, sich mit allem, was ist, zu verbinden, aus der Vorzeit bewahrt. Sie können ihre Gestalt wandeln, sich unsichtbar machen oder sich fliegend durch alle Welten bewegen. Sie spüren in der Magie keine logischen Grenzen, wie wir sie heute kennen. Aus meiner Sicht sind die Wanen wichtige Lehrer der europäischen Schamanen. Fähigkeiten wie der erhöhte Wachzustand in der Trance, das Katalysieren von Nachrichten aus anderen Welten (Channeling), die schamanische Reise auf Vogelflügeln und die bewusste Gestaltwandlung (Shapeshifting) sind eng mit der Zauberei der magischen Wanenzeit verbunden.

Der entscheidende Punkt bei unserer heutigen Art, die Welten zu bereisen, ist aber, dass durch die einzigartige Kulturentwicklung in Europa sich das Ich-Bewusstsein stark entfalten konnte. Diese über viele Jahrhunderte hoch entwickelte innere Kraft lehrt uns unter anderem, während der Reise klar zwischen dämonischen Kräften und wahrhaftig wohlwollenden Wesen zu unterscheiden (siehe Seite 56). Wir entscheiden also in jeglicher Hinsicht selbst, wohin die Reise geht. Mit den Wanen an deiner Seite kannst du erlernen, mit allen Wesen aus allen Welten in Harmonie, Frieden, Selbstverständlichkeit und durch die Herzensverbindung auch ohne Angst umzugehen. Sie eröffnen dir spirituelle Sinneswahrnehmungen, die dein menschliches Sehen, Riechen, Fühlen magisch verstärken.

Das bedeutet, dass du durchaus das klare Denken praktizierst, ohne jedoch dabei deine Intuition und deine übersinnliche Wahrnehmung zu vernachlässigen. Diese bewussten Entwicklungsschritte sind wichtig, um im modernen Europa weiter zu einer hoch entwickelten spirituellen Kultur zu wachsen. In der heutigen Zeit geht es darum, das gesamte Wissen und die Fähigkeiten aus der Menschheitsgeschichte in unser Tun zu integrieren, um es zum Wohl aller Wesen zu nutzen. Die Wanen sind dabei wichtige Helfer, da sie diese Verbindung zum Kosmos seit Jahrtausenden nutzen und damit große Erfahrungen sammeln konnten.

Auch im Schamanismus von heute bewegen wir uns im europäischen Raum nicht, wie manch einer meint, zurück in archaische Zeiten, in denen wieder Tiere geopfert werden und man primitiv wie in der Steinzeit lebt. Modernen Schamanen gelingt gerade heute mancherorts eine willentliche Integration der schöpferisch-spirituellen Fähigkeiten aller Zeiten, um zum vollständig entwickelten, „wahren" Menschen zu werden. Mit diesem Bewusstsein sind sie in der Lage, anderen Suchenden den Weg zu weisen.

▾ Die Wandlungsfähigkeit der Wanen ist ein Zeichen ihrer magischen Kräfte.

Die obere Welt

ASGARD – MENSCHEN IM GARTEN EDEN

Vor einigen Jahrtausenden veränderte sich unser Klima und es gab einen radikalen Polsprung, der in der Außenwelt eine Eiszeit verursachte. Er führte aber auch dazu, dass manche von allseits verbundenen und emotional gesteuerten Menschen zu „kühlen", eher logisch denkenden Wesen wurden. Unter der Führung des Manu, der in der Bibel auch Noah genannt wird, wanderten einige vom Westen Europas ins mittelasiatische Tarim-Becken aus, wo auch während der Eiszeit ein wärmeres Klima herrschte.

Im Laufe der Zeit führten eingeweihte spirituelle Persönlichkeiten, wie beispielsweise der berühmte Zarathustra – der Begründer der urpersischen Kultur –, einige Stämme vom Nomadentum in die Sesshaftigkeit. Die Menschen des zweiten Zeitalters lernten, in ihrem bewussteren Tun, ganz auf der Erde und in den damit verbundenen sinnlichen und körperlichen Verhältnissen anzukommen. Sie fielen so buchstäblich „aus dem Paradies", denn die Entwicklung bedeutete eine gedankliche Trennung vom göttlichen Kosmos und von der allseits verbundenen Natur. Sie lebten in Siedlungen, bauten sich Häuser und lernten, eigenverantwortlich mit den neuen Witterungsbedingungen umzugehen.

Die in der Edda beschriebenen Asen sind „die Menschen, die aus der Eiszeit kamen" und die nachatlantische Entwicklung vorantrieben. Sie waren unsere Vorfahren aus dem zweiten Weltzeitalter, die Nachfahren der Wanen. Während dieser Zeit entstand Asgard, der „Garten Eden". Unsere Vorfahren rodeten Wald und erwarben Kenntnisse über Garten- und Ackerbau. Zu dieser Zeit züchteten sie bereits viele Pflanzensorten wie Emmer oder Dinkel, und sie domestizierten Tiere wie die Milchziege oder das Hausschaf, deren Felle sie nachts wärmten und deren Milch und Fleisch sie in der vegetationsarmen Winterzeit ernährten.

Die Asen Mittel- und Nordeuropas lebten mit ihren Familienclans in Langhäusern, in denen das offene Herdfeuer den Mittelpunkt bildete. Rund um ihre Häuser lagen Äcker, blühende Gärten und Viehweiden. Die Siedlungen waren mit dornigen Hecken, dem Hag, eingefriedet. Daraus wurde später ein hölzerner Zaun oder

▲ Die Rentierhirten der Sami in Norwegen sind bis heute Nomaden und haben ihr Wissen aus der Zeit der ersten Menschen, der Wanen, bewahrt.

eine steinerne Mauer und grenzte die Menschenwelt von der nun als eher feindlich empfundenen Wildnis ab. Die Äcker mussten vor Unwetter behütet und das Vieh vor Raubtieren beschützt werden, denn nur so war das Überleben gesichert. Wer im Winter kein Getreide oder Vieh hatte, musste verhungern. So wuchsen die mit Obstbäumen und Blumengärten umgebenen Siedlungen der Asen. Außerhalb, in den heiligen Hainen unserer germanischen Vorfahren, wohnten jedoch weiter die wilden Naturwesen, die Götter und Geister sowie die Zauberer, Schamanen und Hagazussen.

Die größte Aufgabe der Menschen in den ersten Jahrtausenden der nachatlantischen Zeit war es, ganz auf der Erde anzukommen und sich zunächst aus dem Schoß der geistigen Urheimat, der vollständigen Verbundenheit, zu verabschieden. Dadurch wurde es möglich, eigenverantwortlich und ganz er-wachsen zu werden und zu beginnen, aus den eigenen Fehlern und Irrtümern zu lernen. Man könnte auch sagen: Die Vertreibung aus dem „Paradies“, wie sie in der Bibel beschrieben wird, bedingte eine höhere Entwicklung hin zur Bewusstwerdung, die notwendig war, um spirituell zu

EXKURS

DIE ENTSTEHUNG DER STÄNDE

Einerseits pflegten unsere Vorfahren, die Germanen, in heiligen Hainen die Verehrung der mütterlichen, hellen Aspekte der Natur. Andererseits schickten sie den Kriegsgott Asa-Thor mit seinem Hammer Mjölnir, um die Auswirkungen der zerstörerischen Riesenkräfte in erträglichem Maße einzudämmen. Auf diese Weise wirkten unsere Asen-Vorfahren naturregulierend und entfernten sich von der natürlichen Verbindung zu allen Aspekten des Seins. In der Zeit der Asen begann die gedankliche und emotionale Trennung von Mutter Natur und Mensch.
Gleichzeitig entstand im Lauf der Entwicklung in Mitteleuropa ein Gesellschaftssystem, in dem spezielle Aufgaben je nach Herkunft und auch Können verteilt wurden:

Es gab den Stand der Thralle, die unfreien Kriegsgefangenen und Sklaven. Sie verrichteten für andere Stammesmitglieder Arbeiten und bedienten die höheren Kastenmitglieder. Thralle waren für die Pflege der Tiere und die Sauberkeit in den Siedlungen zuständig. Frauen durften Männer höheren Standes heiraten, jedoch die Männer nur innerhalb der Kaste eine Frau wählen.

Der zweite Stand waren die Karls, darunter fielen alle freien Bauern und Handwerker, die selbstständig walteten und gegen Tausch oder Bezahlung Lebensmittel, Haushaltsgegenstände, Bekleidung, Werkzeuge und Waffen für die anderen Asen produzierten. Die Karls hatten alle Bürgerrechte und sie durften daher einmal jährlich den obersten Jarl wählen.

Der dritte Stand waren die Jarle, eine Art aristokratische Kaste, die unter sich den Ältestenrat, bestehend aus besonders intelligenten, starken Persönlichkeiten, wählten. Diesem Rat stand der oberste Jarl als eine Art Fürst vor. Seine Aufgabe war es, allen Stammesmitgliedern Rat zu geben, Streit zu schlichten, Gericht zu halten und auch zu entscheiden, wann es Zeit war, in den Krieg zu ziehen. Der oberste Jarl wurde anfangs noch nicht durch seine Geburt bestimmt, sondern im jährlich stattfindenden Thing, einer Versammlung der Jarle und Karls, gewählt. Seine Rechte und Pflichten waren dabei immer auf ein Jahr begrenzt.

Am Rand von Midgard, zwischen dem zivilisierten Asgard und dem wilden Wanaheim, wohnten die Hagazussen, die Schamanen, Heiler und Magier, die das heilsame Wissen aus der Wildnis und der alten Zeit hüteten und zum Wohl ihres Stammes anwandten. Durch dieses Wissen bewahrten sie die Möglichkeit, mit der Natur und allen Wesen zu kommunizieren. Sie schulten in jahrelanger Ausbildung ihre Sinneswahrnehmungen und magischen Fähigkeiten und erhielten so als lebendige Brücke die Kommunikation mit Tieren, Pflanzen, Geistern und Elementen aufrecht.

wachsen. Heute ist die Zeit gekommen, in der wir Menschen uns, gereift zu einem höheren Bewusstsein, auf ganz individuelle Weise wieder zur geistig-spirituellen Heimat und Allverbundenheit hin entwickeln dürfen.

KOMM MIT IN DIE LUFTIGEN WELTEN DER ELFEN

Der Weltenbaum verkörpert für mich das Menschsein selbst und ist allumfassendes Symbol der drei Welten im Schamanismus. Die Wurzel ist auch unsere Vergangenheit, der Stamm die Gegenwart und die Krone die Zukunft. Ebenso sehe ich darin die drei Welten: Utgard, Midgard und Asgard. Gleichermaßen kann man einen Baum auch als aufrecht in seiner vollen Ich-Kraft stehenden Menschen betrachten. Yggdrasil als Symbol wurde in unserer Kultur auch „Irminsul" genannt. Er enthält die gesammelte Weisheit von Zeitaltern, Göttern, Menschen und Naturkräften. Die Äste und Wurzeln verbinden die inneren und äußeren Welten, und jede Verbindung, jede Welt hat Aufgaben in unserem Leben. So leben in den Wurzeln die Riesen- und Instinktkräfte und Zwerge, die materiebildenden Kräfte. Die Elfen jedoch wohnen in der blühenden Baumkrone, der luftigen Welt des Äthers. Sie symbolisieren unsere kreativen, musischen, inspirierenden Kräfte. Sie gleichen dem zarten Funken des inneren Lichts, der den Hauch kreativen Schöpferseins in uns zum Vorschein bringt.

In der Elfenwelt Alfheim findest du zahlreiche Anregungen, dein Leben in harmonischer Schönheit kreativ zu gestalten, und entdeckst

▲ Mithilfe der Elfen kannst du deine kreativen Fähigkeiten entdecken. Sie lehren dich Gesang, Tanz sowie die Fähigkeit, Schönheit mit allen Sinnen zu genießen.

in dir Fähigkeiten, wie zum Beispiel dich über deine Stimme in der rechten Weise auszudrücken oder Poesie zu erschaffen und Instrumente zu spielen. Ihre zarte Welt ist von blühenden Bäumen und Wiesen umgeben und zeigt dir all die Schönheit der feinen Künste. Als Symbol für leicht vergängliche Schönheit lehren Elfen dich, Gesang und Tanz sowie die kosmischen Klänge mit all deinen Sinnen zu genießen oder selbst schöpferisch zu sein. Mit ihnen an der Seite kannst du die vielen schönen kleinen Dinge in der Umgebung entdecken und gestalten. Gehe dafür doch einmal mit dem „Elfenblick" durch deine Umgebung.

Elfen fördern deine Kreativität und lassen dich tiefe, uralte Weisheit über die Vorgänge in der Natur entdecken. Wenn du mit ihnen in Kontakt trittst, überfluten dich die klassische Muse, die Kräfte der Leichtigkeit und der Lebensfreude sowie eine lichtvoll-zarte Form der Magie. Wenn Elfen verärgert sind, weil du ihre Wohnorte in der Natur, zum Beispiel Haine mit Bäumen oder Blumenwiesen, verunreinigt oder gar zerstört hast, verursachen sie Blockaden in der Kreativität. Sie verhindern beispielsweise, dass du die rechten Worte findest und beeinträchtigen deine Stimme, wenn du sie brauchst. Sie können recht giftig sein und durch ihren sphärischen Gesang Verwirrung bis hin zur Psychose auslösen.

Wenn dir Elfenwesen als Lehrer im Traum begegnen, stehst du vor einem kräftigen Kreativitätsschub. Dein Intellekt und deine Muse arbeiten danach auf Hochtouren, um die zahllosen Ideen, die dich beschäftigen, in die Tat umzusetzen. Alles, was mit Musik, Tanz und schönen Künsten zu tun hat, erfreut sich ihrer Unterstützung. Genieße es einfach.

Elfen helfen Schamanen vor allem beim Erlernen von heiligen Gesängen, beim Finden von passenden Rhythmen und der Arbeit oder dem Anlass entsprechenden Tänzen. Sie fördern das Auswendiglernen und Interpretieren von Texten bei Schauspielern, und sie zeigen uns in einem inneren Bild feinstoffliche Hintergründe von Erkrankungen. Von Elfen unterstützt, wirst du im Wald immer einen angenehmen, harmonischen Ort zum Meditieren oder Ausruhen finden, und viele Vorgänge in der Natur werden sich dir intuitiv leichter erschließen.

ADLARN, DAS KOSMISCHE REICH HÖHERER WESEN

Im Reich der höheren Wesen, das wir auch „Adlarn“ oder die Welt des Adlers, die Adlerperspektive nennen, findest du weise himmlische Ratgeber und ätherische Geistwesen aus reinem Licht. Sie hüten die geistigen Mysterien sowie die großen feinstofflichen Zusammenhänge der verschiedenen Welten und des Kosmos und sind uns Menschen neutral gesonnen. Sie helfen dabei, eine klare Sicht über das eigene Leben im kosmischen Zusammenhang zu erlangen. Besonders Astrologen sollten mit ihnen in engem Kontakt stehen. Du findest die Verbindung zu ihnen, wenn du regelmäßig meditierst (auch Schamanen sollten dies tun) und in den erhellenden Erkenntnissen, die dir manchmal in einem Überblick über die großen kosmischen Dinge geschenkt werden.

Diese Wesen würde ich eher als unpersönliche Geister bezeichnen, da sie keine feste Persönlichkeit wie wir Menschen besitzen. Sie sind dadurch in der Lage, übermenschliche und mystische Vorgänge zu steuern. Astralwesen oder höhere Wesen sind eng mit unseren eigenen inneren hochgeistigen Kräften verbunden. Im Indischen werden sie auch „Devata“ genannt. In ihrer göttlichen Welt finden sich weder Zeit noch Raum, jedoch unendliches Wissen und Weisheit, das als menschenübergreifend zu verstehen ist. Sie sind an keinen physischen Körper gebunden und können in fast jeder Form auftreten. Höhere Wesen haben die Aufgabe übernommen, die größeren Abläufe des Universums zu regeln.

◂ Der inneren Dunkelheit kann man mit dem Licht von Wahrhaftigkeit und Bewusstsein entgegenwirken.

Planetare Zusammenhänge und die Auswirkung auf den Menschen werden seit vielen Jahrhunderten in der Astrologie erforscht. Heute findest du auch die moderne mediale Astrologie, die lehrt, direkte Nachrichten aus dem Äther zu empfangen, und mit den Astralwesen verbunden ist. Diese neue Entwicklung zeigt auch, wie weit wir in der spirituellen Entwicklung hier in Europa bereits gekommen sind.

Genaue astrologische Analysen können manchmal Störungen aufzeigen, die aus der Stellung der Planeten bei der Geburt eines Menschen resultieren. Solche Störungen können recht gravierend sein und bestimmte Krankheiten oder wiederkehrende Unfälle und andere Probleme, wie negative Einflüsse von außen, verursachen. Die Planetenkonstellationen können bei entsprechender Ausbildung von einem erfahrenen Schamanen beeinflusst werden.

Hat ein Mensch beispielsweise laut astrologischer Analyse eine für sein Leben ungünstige Konstellation erhalten, die ihm immer wieder persönliche Rückschläge beschert, egal was er tut, kann der Schamane mit Unterstützung der höheren Wesen diese Konstellationen im Ritual befrieden und dadurch harmonisieren. Das setzt die Einweihung in die Mysterien der höheren Wesen und eine immense persönliche Reife des Ausübenden voraus. Ich selbst habe Schamanen des Himalaya erlebt, die diese Planetenbefriedung erfolgreich durchführten. Der betroffene Mensch konnte danach wesentlich harmonischer leben, und die Dauerstörungen waren aus seinem Leben verbannt.

Ursprung und Ursachen von Krankheiten

Das goldene Zeitalter unserer Vorfahren war geprägt von harmonischer Gemeinschaft, Freude, unendlicher Fülle der Natur und fast kindlichem Glück. Zu dieser Zeit waren Krankheiten noch unbekannt. Die Bibel nennt es auch das „Paradies". Damals waren die Menschen vollkommener Teil der kosmischen Einheit und mit allem verbunden. Durch die warmen Strahlen der Sonne gesegnet und durch den unendlichen Urwald behütet, waren sie ganz selbstverständlich Teil der Natur und wandelten auf ihren Traumpfaden. Sie fanden dort mehr als genügend Nahrung und besaßen, da es nicht notwendig war, auch nichts Materielles. Für jeden Menschen gab es entsprechend seinen Fähigkeiten eine gleich wichtige Funktion. Als die Eiszeit unsere Vorfahren von ihrem paradiesischen Waldleben trennte, veränderte sich alles. Mit der Zeit wurde nun manch einem der Besitz wichtiger als Freundschaft oder eine liebevolle Verbindung zum Nachbarn.

Ein schönes Haus verschaffte mehr Ansehen und materieller Reichtum einen höheren Rang in der Gesellschaft. Dadurch wurden aber auch die Dämonen Gier, Neid, Missgunst, Angst und Eifersucht geboren. Das führte bei manchen Menschen zu einer inneren Dunkelheit. Sie waren beispielsweise von Angst erfüllt, ihren Besitz zu verlieren oder die Ernte nicht rechtzeitig einzubringen, sei es durch natürliche Ereignisse oder durch Raub gieriger Mitmenschen. Streit machte sich unter ihnen breit, und manche verloren so die Freude am einfachen Sein. Kriege entstanden dann teils aus Habsucht oder auch aus Eifersucht und Neid. Durch diese Art Dämonen beeinträchtigt, wurde der eine oder andere auf unerklärliche Weise krank.

WIE KRANKHEITEN ENTSTEHEN

Die Angst war eine Ursache von Krankheit. Sie verursachte Herzklopfen und verstärktes Schwitzen sowie ein Zittern der Glieder. Manchmal versuchten die Menschen, es nicht zu zeigen, das Gefühl zu unterdrücken. Jedoch die Angst, die nicht beachtet wurde, wuchs und wurde immer größer, bis aus ihr ein ausgewachsener Dämon geworden war. Wenn jemand davon befallen war, übernahm und steuerte Angst sein Verhalten, sodass Streit und Missgunst zum Inhalt seines Lebens wurden.

Diese Menschen verloren ihre Freude am Leben, sie begingen Taten, die ihnen Schuldgefühle verursachten, und der Kreislauf wurde ihnen unerträglich.

Ignoranz und Respektlosigkeit waren die zweite Ursache. Einige Menschen begannen, immer höhere Ansprüche zu stellen und sich aus der Natur mehr, als sie benötigten, zu holen. Sie nahmen Dinge, ohne zu fragen, und begannen mit diesem Verhalten die Naturwesen zu verärgern. Dadurch entstanden weitere Krankheiten: Insektenstiche plagten sie, Fieber und Infektionen wurden geboren, und Schlangenbisse vergifteten ihr Blut. Arbeiter erlitten unerwartete Unfälle, während sie das Holz für ihre Häuser schlugen oder Edelsteine im Berg abbauten ... Jene Naturwesen, die einst die Freunde der Menschen waren, zeigten sich verärgert und entfremdeten sich aufgrund von Respektlosigkeit. Auch untereinander, indem sich die Menschen geringschätzig behandelten, breitete sich diese Erkrankung aus, oft auf beiden Seiten gleichermaßen: Der respektlose Mensch fühlte sich unwohl und hatte ein schlechtes Gewissen, und der so Behandelte war gekränkt, emotional verletzt und fühlte sich in seinem Wert herabgesetzt.

Eine weitere Ursache war Undankbarkeit. Indem einige Menschen anfingen, erworbene Dinge und ihren Besitz als selbstverständlich zu erachten, vergaßen sie, Dank in ihren Herzen zu empfinden. Dadurch verloren sie das Glück und die ihnen angeborene Freude am Leben und vergaßen, zufrieden zu sein. Von der Undankbarkeit befallene Menschen wurden immer unzufriedener, trauriger, unglücklicher und mutloser. Dadurch, dass sie sich selbst und die natürliche Verbindung zu allem Leben nicht mehr wahrnehmen konnten, erkrankten sie an Körper, Geist und Seele.

Gier, Neid und Missgunst der Menschen untereinander und deren verheerende Auswirkungen verursachten einige der schlimmsten Leiden. Wenn man einem anderen Menschen etwas nicht gönnt oder ihm Böses wünscht, kann er dadurch krank werden. Worte, bewusst ausgesprochen, um zu schaden, erschaffen eine dämonische Form der Realität, die sich verselbstständigen kann. Ein solcher Wunsch trifft sowohl den Absender als auch den Adressaten, indem er beider Leben vergiftet. Der Verursacher verliert seine natürliche Würde und bekommt Schuldgefühle aufgrund seiner unguten Worte oder Handlungen, und der Betroffene leidet unter Angst. Wenn aus dem bösen Wunsch eine ebensolche Tat wird, kommen weitere Dämonen zutage, die rein zerstörerisch wirken. Sie verursachen alle Formen von Leid, Gewalt und Krieg. Diese Art Krankheiten betreffen direkt den Körper, die Psyche und die Seele.

Daneben gab es auch noch andere Ursachen:

- Wenn die Ahnen, die das Wissen einer Familie hüten, nicht mehr geehrt wurden, verloren sie ihre schützende Funktion. Auch das konnte zu Unfällen und Krankheiten aller Art führen.
- Die Ernährung war ein weiterer Faktor. Durch die Sesshaftigkeit und den Übergang zur

▲ Eine wichtige Aufgabe der ersten Schamanen war es, spirituelle Brücken zu bauen, um wohlwollende Geister mit der Menschenwelt zu verbinden.

Landwirtschaft wurde sie weniger vielseitig als die der Jäger und Sammler, was ihre Organe, aber auch die Seele beeinträchtigte.

- Mancher Zauberer ließ sich auch von jemandem anheuern, um bei einem anderen schädigende Magie auszuüben, die wiederum heftige Leiden und Unfälle sowie Vergiftungen zur Folge haben konnte. Auch dies war und ist noch heute eine Ursache von Erkrankungen.

Doch es fanden sich auch Gegenmittel für diese Krankheiten. Dies waren einerseits die klaren Erkenntnisse, die während der Bewusstwerdung der Vorgänge entstanden, und andererseits half die allumfassende Liebe, die jedem Menschen tief innen zu eigen ist. Für die Unterstützung dieser Prozesse und vor allem zur Erinnerung an diese Liebe wurden wiederum die „Brückenbauer“ zu den Welten der Menschen benötigt. Die ersten Schamanen erhielten daher die Aufgabe, die Welten der Menschen, Götter und Naturwesen wieder zu verbinden.

WOHLWOLLENDE WESEN UND DÄMONISCHE GEISTER

Ein wohlwollendes Wesen kann dir verschiedenste Qualitäten übermitteln und, da es keine Körperlichkeit besitzt, aus allen Welten kommen. Es unterstützt mit seinem Wirken deine menschliche und persönliche Weiterentwicklung. Das muss sich nicht unbedingt schön, bequem und leicht anfühlen, denn für Verschleierung durch rosarote Brillen sind eher Dämonen zuständig. Für uns als Menschen und als spirituelle Wesen finden wichtige Lern- und Entwicklungsprozesse im Durchleben und positiven Bewältigen unterschiedlich schwieriger Situationen und Ereignisse statt. Wohlwollende Wesen testen manchmal, ob du bereit für den nächsten Entwicklungsschritt hin zu dir selbst bist. So werden sie dich, statt in sinnlichem Genuss und Wohlgefühl einzulullen, eher an deine persönlichen Grenzen führen. Du darfst dabei menschlich wachsen und physische und psychische Komfortzonen erweitern. Sie tun das manchmal so lange, bis du spürst: „Ja, jetzt sehe ich alles im Leben viel klarer, mir ist einiges bewusster geworden." Denn das ist eine ihrer Aufgaben hier auf Erden. Allerdings beschützen sie dich auch vor gröberem Schaden, sodass eine spirituell wichtige Erfahrung zwar unbequem sein kann, dei-

▾ In Plitvice, einem Ort in Kroatien, sind besonders hohe Energien zu Hause. Dort findet die Seele Leichtigkeit und Lebenskraft.

ne Seele jedoch keine ersthaften Blessuren davonträgt. Diese Wesen helfen dabei, dass du dich selbst immer tiefer erkennst und deine Seele sich zu höchstem Wohl entwickelt.

Dämonische Geister zeigen zwei verschiedene Merkmale: Sie spiegeln gern eine Welt vor, in der, übertrieben gesagt, alles easy geht, du ein cooler Typ bist und dein schick poliertes Ego samt Markenklamotten und Luxuswagen im Mittelpunkt stehen. Dabei vergessen sie, ganz nebenbei, zu erwähnen, dass all dies auch einen Preis hat. Und der ist in dem Fall dein Seelenheil. Wenn du hinterfragst, woher unermesslicher Reichtum (materiell gesehen) kommt, wird dir klar, dass dabei etwas nicht ganz stimmen kann, denn er baut immer auf der Ausbeutung und Ausnutzung von Menschen oder der Natur auf.

In einer nach außen gerichteten, sinnentleerten Welt findet jedoch keine Seelenentwicklung mehr statt, und Dämonen versuchen mit ihrem Wirken, deine Seele klein und abhängig zu halten. Wenn das geschehen ist, können sie ohne Gegenwehr deine Kräfte aussaugen, denn davon leben sie.

Du findest Dämonen auch in lähmender Angst, die dir suggeriert wird. Ihre zerstörerische Kraft zeigt sich in Manipulationen aller Art. Wenn Gefühle zum Beispiel, wie uns in der medialen Welt oft suggeriert wird, dein Leben beherrschen, haben Dämonen mit dir leichtes Spiel. Sie müssen dir nur irgendetwas Emotionales vorspiegeln, das starke Gefühle erzeugt, und schon bekommen sie, was sie wollen: nämlich deine Lebens- und Seelenkräfte. Dämonen nähren sich von Ängsten, Befürchtungen, Ärger, Neid, Missgunst, Geiz, Gier und ungestillten Bedürfnissen. Daher gaukeln sie dir Situationen vor, die jene Gefühle auslösen. Die Grenzen zur Manipulation sind dabei fließend, deshalb kannst du sie nur mit klarem, gelassenem Blick erkennen. Wenn du die Situation emotional betrachtest und sie nicht aus einer gesunden Distanz klar sehen kannst, glaubst du irgendwann einer Manipulation und beginnst danach zu handeln. Du hast hier jedoch jederzeit die Möglichkeit, auszusteigen. Das funktioniert beispielsweise über eine Meditation oder andere mental beruhigende Methoden, und idealerweise hast du guten Kontakt zu wohlwollenden Wesen. Sie helfen dir, egal was um dich herum geschieht, gelassen zu werden und so deine klare Sicht zurückzuerlangen.

Um zu erkennen, von welchen Kräften du geführt oder manipuliert bist, reichen ein paar gezielte Fragen aus:

- Dient das, was ich gerade tue, meiner persönlichen und seelischen Weiterentwicklung, oder meinem tatsächlichen, spirituellen (nicht materiellen) Lebensziel?
- Wem genau nutzt mein Handeln?
- Führt mich gerade mein Gefühl oder mein klarer Blick?

Wenn du diese Fragen ehrlich beantwortest, führen sie dich zu neuen Erkenntnissen über die spirituellen Einflüsse, die in deinem Leben wirken.

Die Geschichte von Freya, der ersten Schamanin

Die Natur bringt hier auf Erden seit jeher das, was benötigt wird, hervor. Eines Tages kam aus dem hohen Norden „Freya", eine große, schön gekleidete Frau, in die Siedlungen der Menschen gewandert. Sie hatte lange Zeit allein auf einem Baum gesessen und die Welt aus der entfernten Perspektive von oben betrachtet. Ihr Name bedeutet übersetzt „Freiheit durch Erkennen", und der spirituelle Norden steht sinnbildlich wie real für klare Erkenntnis.

Freya war eine Selbstgeborene, eine bewusste Gestalterin des eigenen Schicksals und stammte aus der Linie der ersten Menschen. Sie hatte sich ihre Seele und sämtliche Fähigkeiten aus allen Inkarnationen bewahrt und über Tausende von Jahren immer weiterentwickelt. Durch den engen Kontakt zu ihren vorherigen Inkarnationen, über jahrelange Einsamkeit und Meditation in der Natur, war sie zudem von den höheren Wesen mit besonderen Fähigkeiten beschenkt worden.

Sie war in der Lage, mithilfe ihrer Trommel feine Brücken zu bauen und über tönende Klänge durch die Zeiten und in alle neun Welten zu reisen. Manchmal schaffte sie es so, die Menschen an sich selbst und ihre kosmische Verbindung

▲ Freya, die schöne Wanengöttin, spielt bis heute auch eine wichtige Rolle bei der schamanischen Initiation.

zu erinnern. Zu diesem Zweck begann sie, mit heilsamem Zauber und Gesängen zu wirken. Ihre fein geschulten Sinne konnten die verschiedenen Ursachen von Erkrankungen im Vergleich mit dem Puls der Erde und den Zeichen der Natur erkennen. Mit der Unterstützung des Wissens aus Vorzeiten hatte sie die Möglichkeit, zwischen Menschen und Naturwesen zu vermitteln. Sie schaffte es, die menschliche Gemeinschaft und deren Störungen durch Dämonen mit dem Klang ihrer Stimme und der rhythmischen Schwingung der Trommel wieder ins Gleichgewicht zu bringen.
Sie lebte schon eine Weile auf dem hohen Baum an der Grenze zwischen der Wildnis und den Siedlungen der Menschen. Von dort aus hatte sie den klaren Blick auf die gesamte Situation und stand auch ein wenig außerhalb der Gemeinschaft. Der Wald der Wanen mit seinen wilden Wesen, Tieren und Heilpflanzen war ihr Zuhause, und die Menschen waren ihre Familie. Ihr Heim jedoch befand sich genau an der Grenze zwischen beiden Wirklichkeiten.
Freya war eine schöne Frau und überall gern gesehen. Sie besaß eine lichtvolle Ausstrahlung, die die innere Dunkelheit der Seelen manchmal schon bei ihrem Anblick vertrieb. War jemand ihr nicht wohlgesonnen, konnte sie sich in eine Kriegerin mit Schwert und Schild verwandeln, und manche Menschen fürchteten sie ebenso, wie andere sie verehrten und liebten. Wenn in der Siedlung jemand erkrankte, wurde meist ein Laufbursche gesendet, der Freya bat, von ihrem Baum zu steigen und dem Kranken zu helfen.

DIE HEILUNG DES KÖNIGSSOHNS

Eines Tages rief man sie ins Langhaus des Königs Wodan, dessen Sohn Balder, von einem vergifteten Pfeil getroffen, seit Monaten siechend darniederlag. Tiefe Dunkelheit umwölkte seine Stirn, kalt und leichenblass war seine Haut. Nach kurzem Hinsehen erkannte Freya, was die Ursache dafür war: Eine junge Frau aus dem Nachbarort hatte sich Heiratschancen ausgerechnet, der Königssohn sich jedoch für eine andere entschieden. Mit ihrer Eifersucht hatte die junge Frau einen mächtigen Dämon herbeibeschworen, der ihre Gedanken, in einem schwarzen Pfeil materialisiert, in die Stirn des Prinzen geschossen hatte. Er steckte tief, und niemand konnte dem kranken Königssohn helfen.
Freya erkannte, besang und besänftigte den dunklen Dämon der Eifersucht, indem sie ihn zuerst mit ihrem Liebreiz und schmeichelnden Worten sanft umgarnte. Der Pfeil löste sich bald darauf mit Hilfe von heilenden Kräutern aus der Stirn. Der Dämon, besänftigt und beschenkt mit reichlichen Gaben, verwandelte sich in einen ganz normalen Hasen und verzog sich in den nahen Urwald. Freya besang die erschöpfte Seele des Königssohns nun mit wohltönenden Liedern aus der goldenen Zeit und gab ihm stärkende Kräuter, die ihn bald ganz genesen ließen. So wurde Prinz Balder durch die erste Schamanin geheilt.
Der König nahm Freya zum Dank als Heilerin an seinem Hof auf. Sie konnte jedoch die Gesellschaft der Menschen nicht lange ertragen,

denn sie war die Stille des Waldes und seine geruhsame Einsamkeit gewohnt. Das Langhaus war ihr zu laut, zu eng und zu stickig. Eines Morgens in aller Stille durchquerte sie den Hag, der die Siedlung umgab, und begab sich auf Traumpfaden in ihre geliebte Wildnis, wo kein Mensch oder Dämon ihren Gesang störte.

FREYA: GÖTTIN DER INITIATION

Die Schamanin wohnt noch immer auf ihrem Baum. Dort kannst du ihren Gesang in hellen Vollmondnächten hören. Die Wanentochter Freya ist die erste Schamanin germanischer Kultur, und im Lauf der Zeit wurde sie durch vielerlei Legenden, Erzählungen und Geschichten zu einer Göttin gemacht. Ihr Andenken aber ist bis heute erhalten geblieben. Der Baum wird in vielen Ländern für Initiationszeremonien der Schamanen genutzt. So steigt ein gut vorbereiteter Neuling mit verbundenen Augen und in tiefer Trance auf einen mit neun Stufen präparierten Baum, um mit dem inneren Auge eine neue Perspektive über die Welt der Menschen zu gewinnen. Ohne Freyas Kraft ist ein Schamane, der im germanischen Kontext arbeitet, nicht geschützt, noch erhält er sein Ahnenwissen aus erster Hand.

Ein solcher Prozess des Bewusstwerdens (siehe Seite 61) ist anstrengend und langwierig, erfordert viel Durchhaltevermögen und Disziplin, aber er geht einher mit stetig wachsender, tiefer Erkenntnis, um später in großer, allumfassender Liebe zu gipfeln. Freya ist bis heute die Göttin der Initiation unserer Schamanen.

▲ Bei einem Initiationsritual sitzt der Schamanenanwärter in tiefer Trance auf einem dafür vorbereiteten Baum.

Und wer sich auf den Weg macht, in seiner Entwicklung einen bewussten Selbsterkenntnisprozess zu durchlaufen, sich also aus erhöhter Perspektive einen klaren Überblick über sein Leben und dessen Prozesse verschafft, ist aus meiner Sicht, wie damals Freya und ihre Nachfolger, ein „wahrer Mensch“. Er hat sich als Individuum selbst verwirklicht und kann mit seinem leuchtenden Beispiel anderen auf ihrem Weg weiterhelfen. Diese Menschen nenne ich moderne Schamanen.

Die Entwicklung menschlicher Seelenqualitäten bewusst zu unterstützen, ist in meinen Augen eine der entscheidenden Tätigkeiten im modernen Schamanismus. Jeder Mensch kann eine Freya werden, wenn er in der Seele das Feuer der Liebe und des Bewusstseins entfacht. Wir wachsen auf diesem Weg hin zu neuen, ersten Menschen der nächsten Generationen, klar und mit hohen, geistigen Qualitäten.

EXKURS

SPIRITUELLE EVOLUTION UND INVOLUTION

Die spirituelle Evolution ist eine innere Entwicklung, die das natürliche Wachstum und die menschliche Entwicklung von innen nach außen durch den Erwerb von Wissen zur Folge hat, so wie das stetige Streben einer Pflanze, die zum Licht hin wächst.

▲ Feuerlauf: die Komfortzone verlassen, um spirituelle Entwicklung zu fördern.

Eine spirituelle Involution findet parallel dazu statt, sie ist die „künstliche", durch den Willen hervorgerufene Entwicklung, die sich durch Bewusstheit und Erkenntniswillen eröffnet und von „oben nach unten" verläuft. Man nennt sie auch „Erleuchtung". In der Involution sammelt man bewusst Erfahrungen, Wissen und Fähigkeiten, auch indem man sich und seine Lebenszeit opfert oder etwas anderes dafür aufgibt. So fließen Wissen und Erkenntnis von den Ahnen und Göttern herab zu den Menschen.
Als anschauliches Beispiel für eine Involution sehe ich Odin, der an Mimirs Brunnen ein Auge opfert, um vom allwissenden Mimir Erkenntnis und Weisheit zu erlangen. Indem er sein Auge freiwillig gibt, wird er zum Sehenden, erfüllt mit Wissen über alle Welten und Zeiten. Er vereint alle Gegensätze im Kreislauf der Erkenntnis und des Wachstums.
Involutionäre Entwicklung funktioniert in der Bewusstheit, etwas zu geben, um besonderes Wissen und Weisheit direkt aus der Ur-Quelle zu empfangen. Beides gemeinsam zeigt mir, dass sowohl Götter als auch wir Menschen, genau wie die Natur, in ständigem Kreislauf des Austausches, in der fließenden Verbindung des Wachsens und Erkennens zueinander leben.

Verdandi – die Gegenwart

Verdandi ist die zweite Norne, eine Schicksalsgöttin, die kraftvoll in ihrer Lebensmitte steht. Sie wird auch als „rote Frau", als „Löwenreiterin" oder in Indien als „Durga", als pure Kraft, bezeichnet und ist weltweit in vielen Kulturen bekannt. Mit Verdandi kannst du eine Bestandsaufnahme der Gegenwart machen und genau wahrnehmen, was dich umgibt und bewegt. Sie schenkt dir Sinnesfreuden, Lebensfülle, den Segen der Mutterschaft und zeigt neue Möglichkeiten auf, um dein Leben im Hier und Jetzt selbstverantwortlich in die Hand zu nehmen.

Die Welt der Schamanen

Schamanen, Druiden, Zauberer, Geistheiler, Naturheiler, Goden, Noaiden, Gudijas, Zaunreiter, Hexen und Hagazussen bilden seit Anbeginn der Menschen die lebendige, spirituelle Verbindung zwischen den Welten. Sie alle wirken ganzheitlich heilsam und sind gekennzeichnet durch besonders scharfe, hellsichtige Wahrnehmung und die Fähigkeit, mit klarem Blick hinter alles menschliche Denken und Handeln sowie hinter natürliche und übernatürliche Phänomene zu sehen. Ihre Aufgabe besteht darin, dem Wohl der Erdengemeinschaft entsprechend zu handeln. Sie sind furchtlose, friedliebende Krieger in den Diensten der Menschheit und Brücken zur allseits belebten Natur.

Die Fähigkeit, sich bewusst in den erhöhten Wachzustand zu versetzen, um heilend tätig sein zu können, lässt durch ihren inneren Kanal der Kraft Informationen aus allen Welten und Energien zum Wohl aller Wesen zusammenfließen. Daher ist es ihre Aufgabe, das natürliche Gleichgewicht in den Welten zu erhalten. Schamanen, als Wandler unter ihnen, bewahren diese Ausgewogenheit sowohl für Menschen und Tiere als auch für die geistige Welt selbst. Ihr Gesang oder Spruch ist die Brücke, über die die Wesen in unsere Welt wandeln können. Im Umkehrschluss bedeutet dies auch, dass ohne Schamanen dieser Kanal nicht begehbar ist. Daher sind ihre Rituale und Gesänge sowie ihr Trommeln Wegbereiter und Türöffner für alle

▲ In tiefer Trance verbindet sich der Noaide Kyrre mit dem Geist der Ahnen.

EXKURS

WER IST WAS?

- **Spökenkiker** – dieser Begriff kommt aus meiner Heimat Norddeutschland und heißt wörtlich „Geisterseher, Spuk-Seher". Damit wird jemand bezeichnet, der mit der geistigen Welt in Kontakt treten kann und der oft mit traditionellen Gebeten und Ritualen Heilarbeit leistet.
- **Wender** ist die alpenländische Bezeichnung für Menschen, die mit traditionellen Ritualen und Gebeten Heilarbeit tun, also „das Schicksal zum Guten wenden".
- **Leybkneter** oder „Knochenbrecher" leisten mithilfe ihrer heilkräftigen Hände spirituelle Arbeit zum Wohl der Menschen und Tiere.
- **Zaunreiter oder Hagazussen** schlagen Brücken zwischen den Welten der Menschen und der geistigen Welt und verrichten über diesen „direkten Drath" geistige Heilarbeit sowohl für Menschen als auch für Orte und Naturwesen.
- **Gode (männl.) oder Gudja (weibl.)** sind Priester der Germanen, die Zeremonien und Jahreskreisfeste leiten sowie das traditionelle spirituelle Wissen von Mund zu Mund weitergeben und so für unseren schamanischen Nachwuchs sorgen.
- **Noaiden** sind die Schamanen des Sami-Volkes in Lappland, einem Gebiet, das sich über den arktischen Norden Russlands, Finnlands, Schwedens und Norwegens erstreckt.
- **Jhankri** heißen die Schamanen des Himalaya. Ihr Name leitet sich direkt von „Bhanjhankri", dem ersten Schamanen, ab, von dem die Berufenen manchmal bereits als Kinder entführt werden und über ihn direkte Instruktionen für die schamanische Heilarbeit aus der geistigen Welt erhalten.

Welten. Menschlich und spirituell gut ausgebildete Schamanen wirken gleichermaßen harmonisierend und heilsam auf alle Wesen hin.

SCHAMANISCHE TRANCE

Die Tradition des Schamanismus ist untrennbar mit dem rituell praktizierten Trancezustand verbunden. Die Ausprägungen sind kulturell sehr unterschiedlich. Die Wahrnehmungen in diesem Zustand sind von der Intention des Schamanen und seiner Erfahrung bestimmt. Trance-Erfahrung ist kulturell bedingt sehr unterschiedlich strukturiert. Weit verbreitet sind:

▲ Der erhöhte Wahrnehmungszustand in der schamanischen Trance wird durch den Rhythmus der Trommel und manchmal durch Gesang ausgelöst.

- das Drei-Welten-Konzept (obere, mittlere und untere Welt),
- die Reise zum Krafttier oder Tiertotem,
- der Weltenbaum, die Ahnenwelt oder verschiedene Naturwesen, die bei der Intention unterstützend wirken.

Alle dazu wichtigen Erfahrungen werden in langjähriger persönlicher Ausbildung an Schamanenschüler weitergegeben.

Das Selbstbewusstsein des Schamanen bleibt auch während der Trance fast unverändert im Vergleich zum Wachzustand. Dadurch kann man sie auch klar von Zuständen abgrenzen, die sich nach langer Meditations- oder Yoga-Praxis einstellen. Eine Erinnerung an das dabei Erlebte ist oft vollständig vorhanden. Die Wahrnehmung selbst ist etwas weniger kontrollierbar als im Klartraum. Die entsprechende Ausrichtung und Kontrolle der Richtung sowie die Rückkehr in den Normalzustand erfolgen über Gesänge, bestimmte Rhythmen oder Gebete. Die Kontrolle über den physischen und energetischen Körper ist je nach Erfahrung des Schamanen entweder vollständig oder teilweise vorhanden, und eine Kommunikation mit der Umwelt ist weitgehend möglich. Das Spektrum der Erlebnisse umfasst schamanische Flüge, Ritte auf Vögeln und anderen Tieren, Verwandlung in verschiedene Wesen (Shapeshifting), Wandeln in Geisterwelten, Kommunikation mit Göttern, Reisen in Ober- und Unterwelten, Pflanzeninformationen sowie emotionale Extremzustände, die sich nach willentlicher Beendigung der Trance wieder in einen stabilen Normalzustand auflösen.

▲ Um im Zustand der Besessenheit schamanische Heilarbeit ausüben zu können, ist eine Berufung und jahrelange fundierte Ausbildung erforderlich.

Die Besessenheitstrance

Schamanische Rituale können auch in einer „Besessenheitstrance“ ausgeführt werden. Diese Art schamanischer Arbeit kann man sich ähnlich wie die eines Mediums vorstellen. Der Zustand greift jedoch wesentlich tiefer in die eigene Persönlichkeitsstruktur ein, als die „normale“ schamanische Trance und wird währenddessen meist als unkontrollierbar erfahren. Das Erlebnis kann gewöhnlich von der Person nicht vollständig erinnert werden. Eine Kommunikation mit der Umwelt ist dabei zwar möglich, beschränkt sich aber auf eine reine „Weitergabe“ der Wahrnehmung, ohne dass sie von der betreffenden Person reflektiert werden kann. In der Besessenheitstrance kommt es nicht selten vor, dass der Schamane in „fremden Zungen“ redet, das heißt Sprachen spricht, die er nicht kennt, oder Tiergeräusche hervorbringt.

Ohne entsprechende fundierte Ausbildung und vertrauenswürdige Anleitung durch einen erfahrenen Lehrer kann dieser Zustand zu psychotischen und schizophrenen Zuständen führen, denen, schamanisch gesehen, Einflüsse von Dämonen zugrunde liegen.

Im indigenen Kontext des Himalaya beispielsweise gibt es eine jahrtausendealte Traditionslehre der Besessenheitstrance, die den Schamanen vor dämonischen Einflüssen abschirmt. Für diese Trance ist aus meiner Sicht unbedingt ein schützender traditioneller Hintergrund nötig. Zudem braucht der Ausführende einen erfahrenen Assistenten, der ihm hilft, die Informationen entsprechend zu übersetzen, zu verarbeiten und adäquat weiterzugeben.

Dabei besteht immer die große Gefahr, dass der Besessene zum Werkzeug verschiedenster Kräfte wird, ohne sich dessen bewusst zu sein. Diese Kräfte können unter Umständen auch im Normalzustand weiterleben und ihn in seiner Persönlichkeit beeinflussen oder verändern. Indem Dämonen oder andere dunkle Kräfte die mentale Kontrolle des Ausübenden im Alltag übernehmen, kann unbefugte Besessenheitstrance ohne entsprechenden Kontext im schlimmsten Fall zur vollständigen Auflösung der Persönlichkeit führen. Für Nicht-Schamanen und Unberufene ist daher unbedingt davon abzuraten. Sie ist, im Gegensatz zur schamanischen Trance, gerade für unseren modernen europäischen Kontext schwer nachzuvollziehen und auszuführen und kann zu ernsthaften geistigen Erkrankungen führen.

Sowohl schamanische als auch naturheilkundliche und geistige Heilarbeit erlebt, ebenso wie die zahlreichen einheimischen Götter, heute eine Wiedergeburt auf gereifter, bewussterer Ebene. Moderne, gut ausgebildete Schamanen glauben nicht an jemanden oder etwas, ohne ausreichend eigene Erfahrungen gemacht zu haben. Sie ordnen sich nicht, wie in archaischen Traditionen, einem religiösen Dogma oder einem spirituellen Lehrer unter. Sie folgen weder einer Ideologie noch einem Gott oder einer Wesenheit. Ich nehme es so wahr, dass Geister und Götter ihrer Kraft folgen, so diese ausreichend vorhanden und ausgebildet ist.

Wie du erkennst, ob du ein Schamane bist

Auch in Europa werden Schamanenseelen wiedergeboren, denn sterben können Seelen nicht. Jedoch fehlt es uns bisher an Lehrern, die ihre Berufung erkennen und junge Schamanen verantwortungsvoll zu ihrer Bestimmung hinführen. Wahre Schamanen müssen Meister ihrer selbst werden, um tatsächlich mit der Geisterwelt auf Augenhöhe agieren zu können. Nur so schließen sie Manipulationen durch nicht wohlwollende oder dämonische Kräfte aus. Dafür ist eine klare Berufung durch die geistige Welt notwendig, die zudem vom Lebensumfeld erkannt werden muss. Die Anzeichen dafür sind in indigenen Kulturen bis heute bekannt, da die Menschen noch selbstverständlich in ihrem spirituellen Kontext leben, bei uns muss man manchmal lange suchen, um entsprechende Unterstützung zu finden.

▲ Überall, in allen Kulturen der Welt, werden Schamanenseelen wiedergeboren.

FRÜHE BERUFUNG

Eine schamanische Berufung kann bereits bei der Geburt oder in der frühen Kindheit sichtbar werden. Stammt ein Kind aus einer indigenen Kultur, sind Vorzeichen wie bestimmte Körpermale (z. B. große Muttermale an prägnanten Stellen), Ereignisse in der Natur, wie Sternschnuppen und besondere Konstellationen der Planeten, auch bestimmte Tiere, die sich dem Kind oder dem Geburtsort nähern, bereits von Anfang an erkennbar. Auch zeigt sich früh eine gewisse Hellsichtigkeit oder Hellfühligkeit, die das Kind unvoreingenommen ausdrückt. Manche können ohne Worte mit Tieren kommunizieren oder den Tod von Verwandten voraussehen, was sie oft beängstigt, da sie den Kontext nicht verstehen. Hier in Europa wird dieses Erleben von Eltern oft als Fantasie, Spinnerei, Hysterie oder im schlimmsten Fall als psychisch krank angesehen, denn echte Berufung zu erkennen setzt Mitmenschen voraus, die sich im schamanischen Kontext auskennen.

BERUFUNG DURCH KRANKHEIT

Eine weitere Möglichkeit ist die Berufung durch eine schwere körperliche oder psychische, oft lebensbedrohliche oder chronische Erkrankung. Den Unterschied zu anderen Gründen, schwer und chronisch zu erkranken, kann ein weiser Mensch im Analysieren der Umstände, der Ursache der Krankheit und an bestimmten, wiederkehrenden Traumbildern oder Naturereignissen erkennen. Dabei zeigen sich dem Kranken beispielsweise Geistwesen mit besonderen Qualitäten, Merkmalen oder spirituellen Werkzeugen. Sie geben Anweisungen oder handeln mit dem Erkrankten klare „Deals“ aus, beispielsweise dass er nach seiner Gesundung schamanische Arbeit leisten solle.

Eine psychische Erkrankung wie die akute Schizophrenie oder Psychose ist ebenfalls eine Möglichkeit, das Berufensein zu erkennen. Hat zum Beispiel ein Ahnengeist, verärgert durch Ignoranz, den Betroffenen besetzt, kann derjenige durch die verständliche Angst, „Stimmen zu hören“ oder unverständliche Anweisungen zu erhalten, im wahrsten Sinn des Wortes den Verstand verlieren. In dem Fall fand eine schamanische Berufung schon weit früher statt, und der Kranke hatte keine Möglichkeit, sie zu erkennen, oder aber er weigerte sich, sie anzunehmen. Eine weitere Möglichkeit wäre, dass die Besetzung einen nahen Verwandten des Berufenen betrifft und die geistige Welt ihn darauf hinweisen will. In jedem Fall ist dabei die Unterstützung eines gut ausgebildeten, erfahrenen Schamanen notwendig, um dies zu unterscheiden.

Generell kann eine Depression, Schizophrenie oder Psychose natürlich vieles bedeuten. Eine Überreizung der Sinne durch zu viel Medienkonsum und Stress im Beruf könnte ein möglicher Auslöser sein. Wir haben individuelle und gesellschaftliche Probleme, ausgelöst durch dämonische Einflüsse einiger profitgieriger, machhungriger oder gewaltbereiter Menschen. Wir haben schwere kollektive Traumata durch Kriege erlitten, die familiäre Störungen und anderes nach sich zogen. All das und noch viel mehr kann die Ursache verschiedenster, psychischer Erkrankungen sein. Hier ist es in der Tat ratsam, einen erfahrenen Schamanen zu finden, der erkennt, welche Ursache die jeweilige Erkrankung hat.

DIREKTE INITIATION

Die dritte, vor allem in Europa häufige Möglichkeit, ein Schamane zu werden, ist die direkte Initiation durch Geistwesen in wiederkehrenden Träumen oder einer klaren, starken, lebensverändernden Vision. Auch hier sage ich: Nicht jeder Traum, nur wenige Visionen sind klar. Vor allem spirituell noch unerfahrene Menschen erliegen hier leicht einer Täuschung. Manch einer möchte sich „besser", „wichtiger", „besonderer" als seine Umwelt fühlen und belügt sich dabei selbst. Nicht wohlwollende Geistwesen erzeugen ebenfalls Visionen und Träume, sodass man auf verschiedene Weise in der Illusion festhängen kann.

Auch Dämonen und Schwarzmagier geben in Träumen und Visionen Anweisungen, jedoch haben sie nichts mit dem Wohl des Träumenden zu tun, sondern möchten vorrangig egoistische Ziele erreichen. Wenn du dir nicht sicher bist, ob deine Träume initiatorisch sind, frage auch hier einen darin erfahrenen Geistheiler oder Schamanen. Im Unterschied zur Illusion haben echte Initiationsträume klare Anzeichen: Sie können häufig wiederkehren und unangenehme Gefühle von Angst sowie Retraumatisierungen nach schwerwiegenden Erlebnissen auslösen. Dies geschieht aus Sicht der geistigen Welt vor allem, um sich deren Auswirkungen bewusst zu werden und heilsam daran zu wirken. Das entsprechende Geistwesen zeigt sich dabei in voller Klarheit, gibt direkte Anweisungen zur Selbstheilung oder Gesundung. Der Träumer oder Visionierende kann währenddessen auch eine Operation, Reinigung oder Erneuerung des Körpers sowie die Zerstückelung und neue Zusammensetzung seiner Persönlichkeit erleben. Alle Erkenntnisse aus diesem Traum sollen später zum Wohl des Träumenden und seiner gesamten Umgebung beitragen, auch wenn sie manchmal ungewöhnlich oder anstrengend sind.

▲ Während der Initiation stirbt der Schamane als Mensch, um als spirituelles Wesen von der Geistwelt verändert wiedergeboren zu werden.

Des Weiteren kann man durch die Adoption eines Lehrers gerufen werden, der durch die oben genannten Zeichen die Fähigkeiten seines Schülers erkennt, noch bevor er ernsthaft erkrankt. Wenn ein Schamane beispielsweise keine Nachkommen hat, kann er jemanden bei entsprechender Eignung adoptieren und dann ausbilden. Diese Methode habe ich in Europa noch nicht erlebt, aber in östlichen Ländern wie Nepal und Indien scheint sie gut zu funktionieren.

WARUM ES BIS HEUTE SCHAMANEN GIBT

Schamanische Arbeit leistet, neben dem Wirken von Geistheilern, Heilpraktikern, naturheilkundlichen Ärzten und anderen Helferberufen, einen wichtigen Beitrag zur Erhaltung des Gleichgewichts und der Harmonie zwischen Mensch und Natur, das in der heutigen Zeit offensichtlich aus den Fugen geraten ist. Ihr Tun ist, ebenso wie das der Geistheiler, Priester und Naturheilpraktiker, ein Bestandteil der Kultur der neuen Zeit. Nicht, weil es schick oder modern ist, sondern aus dem einfachen Grund: Weil es notwendig ist. Heute hat sich der Schwerpunkt schamanischer Arbeit zwar in andere Bereiche verlagert, jedoch nicht verringert.

In den letzten Jahrhunderten war es Schamanen in Europa nicht erlaubt, ungestört ihrer Arbeit nachzugehen. Sie kamen mit Fähigkeiten zur Welt, die in der heutigen Gesellschaft oft als abnorm, als Spinnerei und im schlimmsten Fall wie eine psychische Krankheit behandelt und nicht ernstgenommen wurden. Dieser Zustand ist allerdings auch dem Missbrauch des heiligen Wissens und manipulativen Handlungen mancher Schamanen für egoistische Ziele geschuldet.

Was die holistische Naturmedizin, seriöse Heiler und Schamanen seit Urzeiten leisten, ist die Selbstheilung eines Menschen mithilfe der Unterstützung durch die geistige Welt zu reaktivieren. Sie sind in der Lage, die Verbindung zur menschlichen Ganzheit, zu unserer Urnatur, zu den heilsamen und inspirierenden Erinnerungen der Ahnen sowie zur Quelle einer spirituell heilsamen Lebensweise wieder herzustellen. Die Krankheiten bei Menschen und Tieren haben sich, seitdem wir zivilisiert sind, nicht ver-

◂ Ziel der schamanischen Arbeit von heute ist unter anderem die Rückverbindung der Menschen zur allseits belebten Natur.

ringert. Ihr Erscheinungsbild jedoch hat sich verändert. Es ist der mit Fastfood oder lieblos zubereitetem Essen schlecht ernährte Körper, die durch Leistungsdruck und zu wenig Bewegung gestresste Psyche, die durch entseelte Handlung traumatisierte menschliche Seele und der ohne gesunde Spiritualität verarmte Geist, der ohne Liebe und ohne Verbindung zur Natur krank wird.

SCHAMANISCHE HEILUNG

Schamanische Arbeit kann weder einen Arzt noch eine medizinische Behandlung ersetzen. Sie hilft bei seelisch-geistigen Ursachen von Erkrankungen, indem sie diese lokalisiert, beseitigt oder befriedet. Kein Schamane „heilt" einen Menschen, sondern er verbindet sich als Brücke mit der geistigen Welt, die dann auf den Hilfesuchenden hinwirkt. Indem sich Hindernisse für die persönliche Weiterentwicklung aufzeigen und im Ritual beseitigen lassen, verändert sich der feinstoffliche Körper des Hilfesuchenden. Entwickeln muss sich jeder Mensch selbstständig und eigenverantwortlich.

Heute werden vielleicht mehr Schamanen geboren als in den letzten Jahrhunderten. Die Zeit ist reif für eine grundlegende Veränderung der Welt, und alle Geistheiler, Hellseher, holistischen Heiler, Ärzte und Schamanen sollten dabei auf ihrem Gebiet und in ihrer Funktion als Wandler und Geburtshelfer unterstützend wirken. Gegenwärtig finde ich Schamanen im Naturmentoring, in Wildnisschulen, in Naturheilpraxen, als psychologische Begleiter, als Sterbeammen im Hospiz, in der ganzheitlichen Geburtsbegleitung, als alternative Ritualleiter bei Namensgebung, Erwachsenenweihe, Hochzeiten und auch auf Beerdigungen. Manch einer fungiert als Heiler, Wegweiser, Begleiter oder Türöffner in schwierigen persönlichen Situationen. Sie entdecken die Ursachen von Erkrankungen und bereinigen mithilfe der Geistwelt ihre Folgen im seelischen Feld.

Viele körperliche Erkrankungen können gut von der modernen Medizin behandelt werden. Ich würde beispielsweise mit einen Knochenbruch, einer großen Wunde oder einer schweren Infektion auch eher einen Chirurgen, Allgemeinmediziner oder Internisten aufsuchen als einen Schamanen. Aber niemand kann einen anderen heilen, wenn er selbst oder das Schicksal es nicht will. Daran ändert auch die modernste Medizin nichts. Es ist aus meiner Sicht zeitgemäß und hilfreich, ihre Vorzüge zu nutzen, denn sie kann mit ihren Möglichkeiten körperliche oder psychische Besserung, Heilung, Erleichterung, Schmerzlinderung und vieles mehr erreichen.

Mediziner und Schamanen arbeiten jedoch auf völlig unterschiedlichen Ebenen und könnten sich theoretisch sehr gut ergänzen. Das wäre für die Harmonie und Weiterentwicklung unserer Welt auch wünschenswert. Wir haben in der Vergangenheit so oft über das „Entweder-oder" gesprochen, jetzt ist es an der Zeit, das „Sowohl-als-auch" anzudenken. Langsam verändert sich das Ansehen von Schamanen in der Gesellschaft, und sie arbeiten mancherorts bereits mit holistischen Therapeuten und Ärzten zusammen. So stelle ich mir auch die Zukunft vor. Jede Form der medizinischen und spiritu-

▲ In einem Feuerritual werden dunkle magische Kräfte transformiert.

ellen Heilarbeit ist wichtig und hat meiner Ansicht nach ihre Berechtigung, wenn sie zum Wohl des Erkrankten wirksam ist. Und in der Zusammenarbeit verschiedener Heiler liegt ein großer Schatz, der bald gehoben werden möchte.

Manipulation und Missbrauch

Die größten Probleme im europäischen Schamanismus stellen das allgemeine Konsumdenken, mangelnde Disziplin und fehlendes Durchhaltevermögen dar. Manch einer möchte gern Schamane sein, weil es gerade „in" ist. Er macht vielleicht einen oder mehrere Wochenendkurse und nennt sich danach „Schamane", ohne eine wirkliche Ausbildung absolviert zu haben oder überhaupt zu wissen, was sich hinter dem Begriff tatsächlich verbirgt. Diese Menschen gab es schon im Mittelalter, und man nannte sie zu Recht „Scharlatane". Selbst wenn man zu diesem Beruf geboren wurde, sind eine umfassende Persönlichkeits-, Seelen- und Herzensbildung sowie großes Fachwissen nötig, um ihn verantwortungsvoll ausführen zu können. Dass Schamanen bis heute teilweise diffamiert werden, ist aus meiner Sicht auch dem Missbrauch der ehrenwerten Tätigkeit durch das Wirken Unberufener mit hervorragendem Marketing geschuldet, die es zu allen Zeiten gab. Auch Unwissenheit und Angst vor ihren mit Logik nicht erklärbaren Fähigkeiten und der damit einhergehenden Macht spielen bei der gesellschaftlichen Diffamierung immer eine Rolle.

Manipulation und Missbrauch magischer und spiritueller Kräfte zum eigenen Vorteil hat es immer und in jeder Kultur gegeben. Und leider sind auch Schamanen davon nicht frei. Es mag verlockend sein, großen Erfolg und materiellen Reichtum als „weltberühmter" Schamane zu erlangen, doch ist es wirklich das, was du bei dieser Tätigkeit suchst? Sind es nicht eher die echten, inneren und spirituellen Werte und die menschliche, empathisch liebevolle Einstellung, die dein Gegenüber im Prozess der Ganzwerdung unterstützen oder seine Selbstheilung aktivieren?

Dunkle Magie fängt bereits da an, wo du jemandem, der nicht ausdrücklich danach gefragt hat, „Energie schickst" oder einem Menschen buchstäblich ein Ritual aufdrängst, weil er es aus deiner Sicht braucht. Im Schamanismus arbeitet man seriöserweise nur mit ausdrücklichem Auftrag! Ohne die Erlaubnis aller Beteiligten darf ein Schamane keinerlei Heilarbeit verrichten, nicht einmal einen Ort befrieden. Auch ich habe einige Male Erfahrungen mit versuchter Manipulation, mit Neid und Missgunst von Kollegen gemacht. Das bedeutet für mich persönlich, dass dieser Schamane zwar durchaus stark ist und große Fähigkeiten besitzt, aber seine Persönlichkeit nicht ausreichend weiterentwickelt hat, was in dem Fall den Missbrauch seiner Kräfte zur Folge hatte.

Für Ungeübte ist auf den ersten Blick nicht ersichtlich, wer auf ehrliche Weise tätig ist oder wer mit schneidigem, medienwirksamem Auf-

► In einem nepalesischen Ritual lernte ich, wie bei Manipulation und Missbrauch diese negativen Kräfte neutralisiert und in Licht gewandelt werden.

▲ Mithilfe der Trommelklänge und ritueller Gesänge reist Schamanin Christiana in die geistige Welt, um die Ursachen von Problemen ihrer Klienten zu finden.

tritt das schnelle Geld machen will. Am einfachsten ist es, einen seriösen Schamanen oder Heiler nach persönlicher Empfehlung durch erfolgreich geheilte Klienten auszusuchen. Damit habe ich sehr gute Erfahrungen gemacht. Sie leisten erfolgreiche seelische Heilarbeit, aber machen nicht großen Wind um ihren Erfolg. Auch ihre Honorare liegen in einem angemessenen Rahmen.

WIE SCHAMANEN ARBEITEN

Spirituelle Heilberufe haben ihren Platz eher in den Nischen des Gesellschaftssystems und kümmern sich, weil es oft sonst keiner tut, um das Wohl von Menschen in ungewöhnlichen und ausweglosen Situationen. Sie unterstützen die Beseitigung seelischer Ursachen von Erkrankungen über den Kontakt zur geistigen Welt. Indem sie Probleme aus spiritueller Perspektive betrachten, helfen sie, persönliche Hürden zu bewältigen, und unterstützen Heil- und Ganzwerdungsprozesse als aktive Brückenbauer und Türöffner auf geistiger Ebene.

Ein Schamane schaut mithilfe des klaren „Geisterblicks" hinter die Kulissen des Offensichtlichen, um Ursachen von Störungen und Krankheiten zu finden. Er fühlt und sieht Probleme nicht nur anders, er steht tatsächlich mit einem Bein in der Welt der Menschen und mit dem anderen in den Gefilden der Geister. Er IST anders. Auf diese Weise kann er beide Seiten gleichermaßen wahrnehmen. In einer schamanischen „Analyse" schaut er tief in das Unterbewusstsein des Hilfesuchenden, um dort mit klarem Blick aus der Adlerperspektive die Ursachen zu finden.

In einer rituellen Zeremonie beginnt er, seine individuellen geistigen Helfer mit Liedern oder einem Mantra zu rufen, um dann zunächst den Klienten energetisch von Anhaftungen zu reinigen. Danach ruft er mit gleichmäßigem Klang von Trommel oder Rassel seine Geistwesen herbei. Über die Schwingungswellen von gesungenen oder gesprochenen Gebeten und den monotonen Rhythmus wirken die Geistwesen heilsam auf die Störungen hin.

Indem er spirituelle Hindernisse, Geister, Naturwesen und Dämonen befriedet oder aus dem Weg räumt, regt ein Schamane die nachhaltige Selbstheilung an. Das bedeutet nicht, dass eine Krankheit oder ein Problem, sozusa-

gen wie von Geisterhand, sofort verschwindet. Normalerweise wird durch diese Art der Behandlung ein heilsamer Entwicklungsprozess angeregt, der sowohl die Erkrankung als auch die dazugehörige persönliche Weiterentwicklung anregt. Ein Prozess, der im Nachhinein auf allen Ebenen spürbar ist.
Eine schamanische Behandlung kann beim Klienten Nachwirkungen haben: Müdigkeit, vermehrte Reinigung von Darm und Nieren, Übelkeit sowie starke emotionale Schwankungen. Um die Heilung im entsprechenden Kontext zu erkennen, hilft eine anschließende aktive Zusammenarbeit mit dem Schamanen. Manchmal müssen, vor allem bei schwerwiegenden Problemen, mehrere Rituale oder schamanische Behandlungen durchgeführt werden, um eine nachhaltige Heilung zu erwirken.

ZUM SCHAMANEN BERUFEN?

Bis zu einem gewissen Grad kann jeder Mensch heilsame Rituale, Techniken und Übungen aus dem Schamanismus erlernen und zu seinem und dem Wohl der Umgebung nutzen. Unberufene schamanische Heilarbeit jedoch kann Ahnengeister, Naturwesen und Götter verärgern und beim Praktizierenden oder in seiner Familie Störungen und Erkrankungen verursachen. Wenn du dir unsicher bist, versuche über die Methoden in diesem Kapitel herauszufinden, ob du zum Schamanen oder eher zu einer anderen Tätigkeit berufen bist. Eine Befragung der Geistwelt durch einen Berufenen hilft dir, zu erkennen, ob dies deine Bestimmung ist. Dafür gibt es kulturell unterschiedliche Techniken. Sibirische Schamanen zum Beispiel arbeiten noch heute mit einer Schale Milch, die sie, auf einer Trommel stehend, weit in die Steppe werfen. Fällt die Schale mit der Öffnung nach unten, ist der Fragende zu etwas anderem bestimmt, fällt sie mit der Öffnung nach oben, liegt eine Berufung zum Schamanen vor und die Ausbildung kann beginnen.

▲ Der sibirische Schamane Sergeij begibt sich mit seiner Trommel in die Trance, um herauszufinden, ob die Fragende auch wirklich zur Schamanin berufen ist.

Wie Schamanen heute initiiert werden

Während seiner jahrelangen Ausbildung überschreitet ein Schamanenschüler mehrfach und teils über längere Zeit die Grenzen seiner Komfortzone. Er übt sich darin, allein draußen in der Wildnis zu sein, um mit seinen tiefsten Schatten und Ängsten konfrontiert zu werden, und eignet sich über die Jahre Werkzeuge an, diese selbstständig zu überwinden. Er lernt, Situationen mit emotionaler Distanz in Klarheit zu betrachten, und kann mit der Zeit seine persönlichen Bedürfnisse in den Hintergrund des heilsamen Wirkens stellen. Dabei unterstützen ihn seine heiligen Ahnen und natürlich spirituelle Lehrer.

Die klassische Wildnis-Initiation, nach mehrtägiger Visionssuche, ohne Nahrung und Behausung, scheint vielleicht archaisch und nicht zeitgemäß zu sein. Jedoch kam ich zu der Erkenntnis, dass Schamanen, die diese tiefe innere Naturverbindung nicht kennen, in Krisen Schwierigkeiten haben, in ihrer Mitte zu bleiben. Wenn sie nur den seichten „Wohnzimmerschamanismus" kennen, sind sie durch Ablenkung oder Ängste schneller unkonzentriert und angreifbar. Sie können durch ein Bedürfnis nach Bequemlichkeiten gesteuert sein oder durch unbekannte eigene Ängste manipuliert werden, was der sensiblen Arbeit am Klienten abträglich ist.

ZEIT DER ASKESE

Wer durch Askese und geistige Schulung gestärkt eine tiefe Verbindung zu seinem innersten Kern aufgebaut hat, erhält eine Stabilität, die durch nichts aufzuwiegen ist. Er kann schwerlich durch materielle Bedürfnisse oder Gefühlsausbrüche manipuliert werden und klar hinter undurchsichtige Situationen schauen, um mithilfe geistiger Unterstützung die Harmonie von Körper, Geist und Seele der ihm anvertrauten Klientel wieder herzustellen. Eine langjährige, intensive Schulung bringt den Schüler mit den Wesen in Kontakt, die ihn später während der eigenen Arbeit unterstützen. Das können Naturwesen, Ahnen oder Götter sein. Über gezielte Übungen, Trommelrhythmen und Lieder ruft er sie während der Zeit der Askese in der Natur herbei, um von ihnen direktes Wissen zu empfangen. In Ritualen und täglichen Übungen hält er den Kontakt aufrecht.

▲ Nach der Initiation auf dem Weltenbaum kriecht eine Schülerin durch den Geburtskanal. Sie wurde als Schamanin neu geboren.

Während der jahrelangen, herausfordernden Lehrzeit schicken mein Mann Günther und ich unsere Schamanen-Anwärter mindestens einmal jährlich für mehrere Tage allein und ohne Nahrung (Wasser ist erlaubt) in den Wald. Wir begleiten dabei im Hintergrund oder aktiv den persönlichen Prozess, der sie an ihre Grenzen führt und sie lehrt, im Vertrauen in die eigene Kraft und die Verbindung zu ihren Geistführern zu bleiben. Das klassische „buten sitten" oder Draußensitzen ist eine archaische Methode aus unserer eigenen Kultur, die es in ähnlicher Weise in den meisten schamanischen Traditionen gibt. Der angehende Schamane lernt hier, sich selbst in schwierigen Situationen korrekt einzuschätzen und ohne Ablenkung von außen mit der Natur und ihren Wesen zu kommunizieren.

Eine echte Initiation ist auch heute noch ein „Stirb und Werde", also ein herausfordernder, sehr tiefgreifender persönlicher Prozess. Der Schüler kommt während seiner „Wildniszeit" ohne den gewohnten Komfort und wenn möglich auch ohne Schlaf aus. Ihm werden besondere Übungen und Aufgaben gestellt, die er in dieser Zeit zu erledigen hat. Sie führen ihn durch einen tiefen Prozess der Bewusstwerdung und Wandlung. Während er mit seiner Trommel und den heiligen Liedern bestimmte Wesen anruft, erscheinen diese, um ihm direkten Unterricht zu erteilen. In bewusst durch schamanische Übungen hervorgerufenen Visionen erhält er während der Zeit ihr Wissen und kann ohne den Lehrer eigene Heiltechniken, heilsame Lieder und Gebete sowie neue magische Fähigkeiten erwerben.

Nach der Waldzeit klettert der Schüler mit verbundenen Augen auf den zuvor präparierten Weltenbaum (oder wahlweise auf einen hohen Felsen), um dort von der ersten Schamanin

Freya initiiert zu werden. Freya wird vorab von mir an den Ort gerufen und begleitet die gesamte Einweihungszeremonie. Die Aufgabe auf dem Baum ist, den direkten Kontakt zum ersten schamanischen Ahnen oder der Ahnin und so zur langen Linie der Inkarnationen herzustellen. Dadurch hat der Schamane später Zugang zu seinem gesamten Ahnenwissen. Mit verbundenen Augen nach der Zeit der Askese in erhöhter Position sitzend, bekommt er eine Ahnung davon, wie das Sehen ohne sein gewohntes Augenlicht möglich sein kann.

Jemand, der in unserer kleinen Schule Schamane wird, erhält seine Weihe nicht von Menschen, sondern durch sich und seinen direkten Kontakt zur Geisterwelt. Durch diese Einweihung tief in sich verankert und über die jahrtausendealte Verbindung zu den eigenen Vorfahren vor unerwünschten Einflüssen geschützt, kann er ab diesem Tag dann eigenständig und selbstverantwortlich dem Pfad seiner Bestimmung folgen.

Eine echte Schamanenweihe beinhaltet auch ein feierliches Ritual. Nachdem der Neuling erfolgreich alle Gefahren überstanden hat, wird zu Ehren von Freya, seiner zukünftigen Lehrerin, und den eigenen Fähigkeiten ein Fest ausgerichtet, mit allem, was das Herz begehrt. Verwandte und Freunde werden eingeladen, und unter Zeugen darf der auf dem Weltenbaum Selbstgeborene ausführlich von seinem Waldaufenthalt und den zauberhaften Ereignissen dort berichten.

In diesem Kontext erhält er auch seine ersten magischen Werkzeuge, die, vom Lehrer hergestellt und geweiht, ihn vor kommenden Gefahren während seiner Arbeit beschützen. Eine schamanische Ausbildung geht erfahrungsgemäß ein ganzes Leben lang weiter.

▲ Mithilfe der Runen kann ein nordischer Gode sehen, welche Ursachen für bestimmte Störungen im Leben verantwortlich sind.

EXKURS

NACHRICHT DER ÄLTESTEN WESEN

„Aus dem Tiefschlaf wurde ich emporgehoben. Sie waren zu dritt, ein Mann und zwei junge Frauen. Zuvor hatten sie eine Weile an meinem Bett gesessen. Nun verschränkten sie ihre Hände unter meinem Körper und trugen mich flügelschlagend hinauf. Los ging es in Richtung Norden. Die Nacht konnte schwärzer nicht sein. Mein Geist war wach und klar, denn wenn ich müde wurde, kitzelten sie mich ein wenig mit ihren Federn. Durchscheinend und schimmernd bedeckten sie ihre Körper, deren Schultern in riesigen Flügeln endeten. Ihre Gesichter wirkten bleich im Licht des Mondes, doch überaus lebendig. Auf ihrem langen, silbernen Haar trugen sie Blumenkränze in Grün und Weiß. Ihre Hände waren etwas dünner und länger als unsere menschlichen, feingliedrig und stark, und ich fühlte mich geborgen darin. Unter mir dehnte sich endlose Taiga aus, dunkelgrün schimmerte süß duftender Wald über stillen Seen und breit rauschenden Flüssen. Der Gesang des ewigen Windes, der sein altes Lied über die Taiga breitete, übertönte das leise

► In der Ausgrabungsstätte Cauria auf Korsika kannst du die uralten Kräfte noch heute spüren.

Rauschen der Flügel. Weit, weit entfernt hörte ich den Jagdschrei einer über den bemoosten Waldboden schwebenden Eule.

Ihre Stimmen waren nun deutlich in meinem Herzen wahrnehmbar. Sie sprachen freundlich, aber eindringlich: „Wir sind die ältesten aller Wesen. Dennoch werden wir nie alt. Ich bin Arman, der Älteste. Und das sind meine Töchter Samara und Tingala. Wir beobachten dich schon lange, und unser Rat hat uns geschickt, mit dir zu reden. Lass dich fallen, breite deine Flügel aus“, ermunterte Arman mich. Erstaunt nahm ich Flügel an meinen Schultern wahr. Hatte ich die schon immer? Sie fuhren fort: „Du wurdest immer wieder geboren mit unterschiedlichen Aufgaben. Jetzt bereiten wir dich auf deine nächste Aufgabe vor.“

Im Licht der Sterne schwebte stilles Glück über unserer Begegnung. Arman sprach weiter: „Wir sind machtvoll, dennoch missbrauchen wir nie unsere Macht, da es unserem heiligen Kodex entspricht, diese zum Wohl aller einzusetzen. Die Zeit des Weltenwandels ist angebrochen, und du bist gerufen, uns mit deinen Möglichkeiten zu unterstützen. Führe die Menschen mit unserer Hilfe auf den Weg zu sich selbst, dass sie ihre Natur wiedererkennen. Sie sollen lernen, ihre Kräfte wieder zum Wohl aller Wesen zu nutzen, Respekt, Achtsamkeit und Würde für alle zu wahren, um wie einst die Hüter des Erdengartens zu sein.“

Auf diese Weise vorbereitet, begann eine neue, weite Reise, die mich und meine Familie in den Norden und Osten Europas trug. Mein Mann, mein jüngster Sohn Arthur und ich fuhren einfach eines Tages, Anfang August, mit unserem alten VW in Richtung Norden los. In dem Jahr, als die fordernden Zeiten des weltweiten Umbruchs deutlich sichtbar begonnen hatten, war keineswegs klar, ob wir Ländergrenzen überwinden und wie geplant durch acht europäische Länder reisen konnten. Jedoch vertrauten wir der starken geistigen Führung, die mich in mehreren Visionen gut vorbereitet hatte und dafür plädierte, unsere Ahnenwurzeln zu bereisen, auch, um echte Schamanen und Heiler persönlich kennenzulernen. “

Unterwegs bei den Sami in Norwegen

Für viele von uns sind die Sami ein indigenes Volk, das jedoch, entgegen der allgemeinen romantisch verklärten Annahme, bereits vor rund 700 Jahren, genau wie wir Deutschen, christianisiert wurde. In der Einsamkeit der arktischen Natur lebend, konnten sie einen großen Teil ihrer angestammten Kultur über die Jahrhunderte hinwegretten. Ihre Geschichten, Gesänge, Mythen und Bräuche blieben großteils erhalten, da sie im Geheimen und ausschließlich mündlich weitergegeben wurden. Bis in die 70er-Jahre des zwanzigsten Jahrhunderts sind ihre nomadische Lebensweise und der samische Schamanismus von der katholischen Kirche Norwegens verfolgt worden. So wurden viele uralte Ritualorte dem Erdboden gleichgemacht, Noaiden wurden öffentlich gefoltert und auch verbrannt – ebenso ihre Trommeln, von denen ich einige als Ausstellungsexponate im arktischen Museum von Tromsö fand.

Bis heute möchten viele Sami aus Angst vor gesellschaftlicher Diffamierung nicht über ihre indigene Kultur sprechen. Dennoch hat sich in

◂ Der Noaide Kyrre Franck (re.) und der Gode Knut Fuglesteg.

RITUAL

CHAGA-ZEREMONIE IN ERSFJORDBOTN, NORWEGEN

Mein Mann Günther beschreibt hier eine Chaga-Zeremonie, zu der wir von Kyrre und Knut in ein traditionelles „Lavvu", ein samisches Nomadenzelt, eingeladen wurden:

» Drei Tage zuvor hatten die beiden Schamanen uns in unserer Hütte im Moor besucht, mit uns gegessen und geredet. Sie hatten uns nebenbei fühlbar auf Herz und Nieren geprüft, um uns einen Tag später zu dem im kleinen Rahmen stattfindenden Ritual einzuladen. Offensichtlich hatten wir ihre Prüfung bestanden. Die Zeremonie fand in einem samischen Lavvu am Ersfjordbotn, einem malerischen Fjord mit Blick über die felsige Küste nahe Tromsö statt. Das Innere des Nomadenzeltes war mit warmen Rentierfellen ausgelegt, die auf Rundhölzern lagen, damit sie auf dem feuchten Boden in der kühlen nordischen Nacht trocken blieben. Der Rand unter der Zeltplane war dicht mit grünen Zweigen und Blättern ausgestopft, um uns zusätzlich gegen die empfindlich kühle Nachtluft zu schützen. Zudem verwehrten die Zweige Wesenheiten, die die bevorstehende Zeremonie eventuell stören könnten, den Zutritt.

Im Zelt versammelte sich eine bunte Mischung verschiedener Nationalitäten: ein Franzose, eine Niederländerin, ein Italiener, die alle in der Nähe wohnten, und wir drei Österreicher, Susanne, Arthur und ich, waren ihre Gäste. Der nordische Schamane Knut Fuglesteg und der Noaide Kyrre Franck empfingen uns in prächtiger traditioneller Kleidung. Die beiden wirkten wohl etwas müde, da sie gerade von einer Fahrt zu einer Hochzeitszeremonie in einem entlegenen Teil des Landes kamen.

Die Zeremonie, die uns erwartete, war ein Chaga-Ritual. Ein „Chaga" ist ein Birkenporling, ein seltener Baumpilz, der in nördlichen Ländern auf etwa jeder 20.000sten Birke wächst und bei ritueller Zubereitung starke spirituelle Heilkräfte entfalten kann. Als Tee hilft er in seiner medizinischen Anwendung auch, die körpereigene Immunabwehr zu stei-

▲ Kyrre und Knut führen im traditionellen Sami-Zelt gemeinsam eine Chaga-Zeremonie durch.

gern. Auf spiritueller Ebene wirkt er herzöffnend, reinigend und Kräfte regenerierend. Der Chaga wird von Indigenen als heilig verehrt, da in ihm ein starkes Geistwesen wohnt. Im Ritual wird es bewusst aktiviert und kann mithilfe des „Joiks", dem traditionellen Gesang, und bestimmter Trommelrhythmen auf die Anwesenden wirken.

Kyrre, unter anderem Vorsitzender des norwegischen Schamanenverbandes, begann am brennenden Feuer mit seinen Vorbereitungen. Er räucherte alle Anwesenden, seine Instrumente und sich selbst, reinigte sich und alle Gegenstände mit etwas Wasser und sang seinen persönlichen Schutzgeist herbei. Knut setzte sich währenddessen an die Eingangstür, seine Trommel bereitgelegt und eine Räucherschale mit Wacholder entzündet. Er war in diesem Ritual der spirituelle Wächter, der nur freundliche Wesen in das Lavvu hineinließ und mit seiner deutlich spürbaren Bärenkraft Störungen fernhielt. Noch schwiegen die Ritualtrommeln der Schamanen, aber der Klang der Trommeln aller Teilnehmer, die sich nun selbst auf das kommende Ritual vorbereiteten, erfüllte das Zelt. Als sie nach einer Weile verstummten, bekamen wir alle ein kleines Stück Chaga-Pilz gereicht, um uns mit seiner heilsamen Energie zu verbinden und ihn dann symbolisch dem Feuergeist zu opfern.

Kyrre mischte nun gemahlenes Chaga-Pulver in einem stählernen, eigens dafür vorgesehenen Kessel. Über dem lodernden Feuer brodelte das Wasser, und das eigentliche Ritual begann. Der Chaga-Geist betrat, von ihm mit einem Joik herbeigerufen, den Raum. Seine Energie erfasste, berührte und erfüllte uns alle im Herzen. Mehrere Becher mit dem schwarzen, erdig schmeckenden Tee aus dem Kessel wurden gereicht, und alle tranken ihn zum Klang der Gesänge und dem Rhythmus der Ritualtrommeln. Er öffnete deutlich spürbar unsere Herzen und den Geist für die feinen, heilsamen Schwingungen der Taiga-Wesen.

Irgendwann legten wir uns entspannt nebeneinander auf die gemütlich warmen Rentierfelle und genossen einfach die fein schwingende Verbindung zu dieser kraftvollen, heilsamen Wesenheit. Die leiser werdenden Trommeln riefen uns zurück, und Kyrre beendete das Ritual, mit einem Dank entließ er den Chaga-Geist aus dem Zelt. Wir teilten im Gespräch unsere Erfahrungen, kleine Geschenke wurden ausgetauscht und herzlicher Dank ausgesprochen.

Susanne und ich erhielten von den beiden Schamanen die freundliche Erlaubnis, diese Zeremonie zukünftig für uns selbst, aber auch für andere Menschen in unserer Heimat durchzuführen. Allerdings steht dieses besondere Geschenk unter der strengen Auflage, niemals Geld dafür zu verlangen. Kyrre übergab uns zum Abschied eine Tüte mit gemahlenen Chaga-Pilzen, mit den Worten: „Chaga is like an eagle feather, it should never been sold.“ (Übersetzt: „Der Chaga ist wie eine Adlerfeder, beide sollte man niemals verkaufen.“) “

den letzten Jahrzehnten, vor allem in der Jugend, eine Gegenrichtung gebildet, die ganz öffentlich traditionelle Rituale lebt. Darin finden sich einige Einflüsse aus dem Schamanismus Nordamerikas, der den fehlenden Kontext sinnvoll ergänzt. Auf der Reise in den hohen Norden begegneten mir der samische Noaide Kyrre Franck und der norwegische Gode Knut Fuglesteg. Beide richten im Rahmen des rechtlich anerkannten „Sjamanistisk Forbund", einem öffentlichen Verein, schamanische Hochzeiten, Kindsweihen, Initiationen, Krafttierreisen, Jahreskreisfeste und Beerdigungen im naturspirituellen Kontext aus. Schamanismus ist in Norwegen als Religion anerkannt, sodass sie ihre Arbeit öffentlich durchführen dürfen.

Kyrre berichtete uns von den lebendigen Traditionen und erzählte von samischen Göttern und Naturwesen, die in seinen Ritualen wirken. Knut stellt rituell Trommeln her und unterrichtet junge Menschen in der altnordischen Tradition und Mythologie. Kyrre ist „Noaide", ein Sami-Schamane, und Knut ein „Gode", ein nordischer Schamane. Beide Kulturen haben viele Gemeinsamkeiten, sodass die zwei Freunde oft zusammenarbeiten, um zum Wohl der Menschen und Geistwesen zu wirken.

WERKZEUGE DER SCHAMANEN

In der samischen Tradition haben alle Wesen und alle Elemente eine Seele. Alles in der Natur ist für sie belebt. Eines der Instrumente samischer Tradition ist der „Joik", ein spirituell empfangener Heilgesang aus verschiedenen Lauten und Worten. Die Joik-Tradition hat drei Formen: den rituell-schamanischen Joik, der für Zeremonien und spirituelle Heilarbeit verwendet wird, den Mythen und Geschichten erzählenden Joik, der nicht für Zeremonien verwendet wird, sowie den Joik zur Ehrung eines Menschen, Tiers oder Naturwesens.

Mit dem Joik-Gesang bildet der Noaide die spirituelle Brücke, auf der die Geister, Götter, Elfen und Feen in die Menschenwelt wandeln können. Die Macht eines Joiks wirkt über die spirituelle Kraft des Sängers, etwa so wie ein starkes Elektrokabel. Manche der Gesänge wurden von Generation zu Generation weitergegeben und haben viele Jahrhunderte überdauert. Manche sind individuell von den Naturwesen empfangen worden. Der Überlieferung

▲ Manche modernen Schamanentrommeln haben nordische Motive, die wie hier heilsame Symbole enthalten.

nach erhielten die ersten Sami ihren Gesang direkt von den Feen und Elfen der arktischen Länder. Er ist ihr Werkzeug, um über die Stimme spirituelles Wissen zu empfangen und natürlich auch, um am Feuer Geschichten zu erzählen.

Ein samischer Noaide erhält bei seiner Ausbildung weitere geistige Werkzeuge. Dazu gehört die möglichst selbst gebaute Zeremonialtrommel, die „Runebomme". Sie wird mit Figuren aus den Stationen seines Lebens bemalt und beschreibt so seinen schamanischen Werdegang. Dadurch ist sie einmalig und für die Wesen aus der geistigen Welt unverwechselbar. Zum Schlagen wird ein geschnitzter Hammer aus Rentierhorn verwendet, der ebenfalls vom Träger individuell verziert wurde. Jede Sami-Familie hat neben der zeremoniellen Trommel auch eine Haustrommel, die, mit den örtlichen Wesen und Gottheiten bemalt, als spiritueller Schutzschild und zur Verbindung in die Welt der Götter und Geister dient. Sie wird für tägliche Rituale und zum Geschichtenerzählen genutzt. Sie besteht, je nachdem wo die Familie lebt, aus einem mit Rentierfell bespannten Birkenholzrahmen oder aus einer ausgehöhlten, mit Fell bespannten Baumperle, die die Geschichte der Ahnen erzählen.

Während der Heilzeremonien kann der Schamane einen Messingring auf die Trommel legen, der sich während des Schlagens rhythmisch mitbewegt. Liegt der Ring auf einer bestimmten Figur, wird dies wie ein Orakel interpretiert. Er kann, je nach Fragestellung, Jagdglück, fruchtbare Jahre oder die Ursache einer Krankheit anzeigen. Er weist auch darauf

▲ Ein aus einer Birken-Baumperle hergestellter Hausgeist, der dazu dient, unerwünschte Geister fernzuhalten.

hin, welche Gaben die Geister im Tausch für die Gesundheit des Klienten erhalten möchten. Der Ring hilft, wenn die Trommel, auf der er liegt, leise geschlagen wird, einen Seelenanteil zu finden, indem er die Richtung anzeigt, in der dieser verloren gegangen ist. Dadurch, dass der geweihte Metallring Dämonen und andere Störgeister abhält, kann der Noaide dieser Anzeige vertrauen und macht sich in tiefer Trance auf die Suche. Der gefundene Seelenanteil wird mithilfe des Atems oder eines Adlerknochens, der die höheren Wesen symbolisiert, in den Scheitel des Klienten eingeblasen.

Weitere schamanische Werkzeuge des Noaiden sind Rasseln aus dem Rückgrat des Kabeljaus, deren Stiel aus einem Gelbfischknochen besteht. Er nutzt verschiedene Röhrenknochen, zum Beispiel von Rentieren, Elchen, Wölfen oder Bären, zum Aussaugen und Extrahieren der Geister von Erkrankungen. Manchmal verwendet er auch ein Ritualmesser, um feinstoffliche Verbindungen zu schädigenden Personen oder dem Geist einer Krankheit „abzuschneiden“. In der Trancereise findet er spirituelle Ursachen von Krankheiten und erhält Informationen, was nötig ist, um sie zu heilen. Wenn er wieder aus der Trance auftaucht, kann er den Anwesenden erzählen, was er auf seiner Reise in die Welt der Geister und Götter erlebt hat. Jede heilsame Zeremonie ist bis heute ein gesellschaftliches Ereignis, dem traditionell die gesamte Familie beiwohnt.

Da die Verfolgung der samischen Kultur noch bis in die 1970er-Jahre anhielt, wirst du kaum Sami erleben, die öffentlich trommeln oder Gästen ihre rituellen Instrumente zeigen. Niemand in Lappland würde je einem Fremden Gegenstände von spiritueller Bedeutung verkaufen. Die Sami-Trommeln, die du auf den Märkten in Norwegen, Schweden und Finnland bekommen kannst, sind wirklich schön. Sie werden aber extra für Touristen gemacht und entbehren jeder spirituellen Bedeutung. Wenn du tatsächlich eine Ritualtrommel benötigst, solltest du sie entweder selbst herstellen oder einen Trommelbauer aus der eigenen Region bevorzugen.

► Eine Trommel ist etwas sehr Individuelles. Eng verbunden mit ihrem Hüter zeigt sie Orte der Geisterwelt sowie Stationen seines Lebens.

Die Kraft der Wenderin Sonja

SEHNSUCHT NACH DER UNBERÜHRTEN NATUR

In Sonjas Familie bestand immer schon großes Interesse an anderen Kulturen und Religionen, Ländern und Menschen. Ihre Mutter hatte dutzende Brieffreundschaften weltweit, und auch Sonja begann schon mit elf Jahren, Briefe an Freunde in der ganzen Welt zu schreiben. Mit 18 pflegte sie um die 60 Kontakte, von Neuseeland bis zu den Cayman Islands. Damals schrieb sie per Hand oder auf einem alten Computer, Internet gab es noch nicht. Sonjas Jugendtraum war es, einmal mit einer Harley Davidson auf der „Route 66" zu fahren, deshalb suchte sie besonders nach Brieffreundschaften in Amerika und Kanada.
So bekam sie auch Kontakt zu den amerikanischen Natives und freundete sich bald mit einer Ojibwe-Cree-Frau und ihrem Mann, einem Inuit-Schamanen aus der Hudson Bay, an. Die beiden lebten in Marmora, im Staat Ontario, in einem Holzhäuschen im Wald. Nachdem sie Sonja einige Male in Österreich besucht hatten, luden sie sie nach Kanada ein. Sie war zwei Wochen dort, und in dieser Zeit erlebte sie so viele berührende Momente, wie nie zuvor in ihrem Leben.

Nicht die Schamanen sind groß, sondern die Geistwelt ist groß. Wir sind die Vermittler zwischen den Welten. Ich mache das in einem sehr kleinen Revier, nämlich bei mir im eigenen Haus, in einem kleinen Zimmer. Es ist mit all diesen Kräften aufgeladen, die dort wirken. Was sich in diesem Raum befindet, ist voller Kraft, voller Geister. Sie sind da zu Hause und man braucht sich nicht vor ihnen zu fürchten, weil sie da sind, um zu helfen.

▲ Die Wenderin Sonja in ihrem Zauberzimmer. Dort finden schamanische Heilzeremonien für Seelenheil und Bewusstseinsbildung statt.

Die drei heulten gemeinsam mit Wölfen, besuchten heilige Plätze, und sangen zusammen mit anderen Natives Lieder in verschiedenen Sprachen. Sonja wurden die heiligen, traditionellen Gewänder der Ahnen gezeigt und vieles mehr. Die unberührte Wildnis Kanadas fehlt ihr noch heute. Die Wälder Europas sind sauber durchgeforstet und fast alle von Menschenhand gemacht, man findet kaum wilde Tiere mehr. In Kanada fühlte sie zum ersten Mal, was es bedeutet, im unendlich weiten Urwald Wölfen, Bären oder Berglöwen begegnen zu können. Sie wollte dorthin, in das Land ihrer Träume, wo Menschen die Spiritualität im Alltag lebten. Direkt nach dem tief berührenden Besuch beschloss sie, dorthin auszuwandern. Sie hatte schon die entsprechenden Papiere der kanadischen Botschaft erhalten, doch im letzten Moment entschied sie sich anders. Sonja fand zu Hause, was sie in der Fremde gesucht

▲ Sonja arbeitet für die Seelenruhe von Klienten.

hatte: den direkten Kontakt zur einheimischen Geisterwelt über Visionen und direkte Instruktionen. Sie zog in ein Haus im Ybbstal, um dort Wenderin und traditionelle Schamanin der Alpen zu werden.

AUSBILDUNG IN DEN TIROLER BERGEN

Bereits in der Zeit vor ihrer Reise war sie in Österreich schamanisch tätig gewesen, fühlte sich dabei aber noch wie eine abgehobene Esoterikerin oder wurde wie ein Sektenmitglied betrachtet. Eine solche Lebensweise war in ihrem kleinen 900-Seelen-Dorf zwischen den Bergen unbekannt. Sonja erlernte die Grundzüge schamanischer Techniken in den Absamer Knappenhäusern in den Tiroler Bergen von einem Mann, der dieses Wissen bei den Shuar-Indianern in Ecuador erworben und mit nach Österreich gebracht hatte. Er zeigte ihr, wie man sein Krafttier findet, was eine Extraktion ist, und wie man mit der Trommel oder Rassel zu Naturgeistern reist. Sie lernte von ihm, wie man trommelt und rasselt, um in der Trance mit den Ortsgeistern zu kommunizieren. Er brachte ihr Methoden bei, die ihr halfen, Kraftobjekte für die Heilarbeit zu finden. Sie entdeckte in dieser Zeit, wie man sich in der Natur achtsam bewegt, lernte auf heilsame Weise zu denken, ihr Kraftlied zu finden, ihre Kräfte zu lenken, verlorene wiederzubekommen, Überschüssiges abzugeben und vieles mehr.

Alles Weitere erfuhr sie direkt von der Geistwelt oder im Austausch mit anderen spirituellen Menschen, die sie inspirierten oder ihr gelegentlich Tipps gaben. Danach begann Sonja selbst, ihre innere Landkarte zu erweitern und mit Hilfe der Trommel verschiedene Geistwesen zu besuchen. Sie fing an, ihnen Fragen zu stellen und ihr Wissen auf direktem Wege zu sammeln. In der Welt der Naturwesen und Geister traf sie auf ihre Lehrer, die wahre schamanische Ausbildung fand in ihr selbst statt.

Sonja ist zutiefst überzeugt davon, dass jeder Mensch dieses Urwissen in sich trägt, und sich erst selbst erforschen, heilen und kennenlernen sollte, mit allen Schatten, Dämonen und Zweifeln. Erst dann ist er so gefestigt, um adäquat mit der Gabe umgehen zu können. Ein Schamane benötigt diese tiefe Schule des Lebens, wenn die Geister beschließen, dass er sich der Welt stellen soll. Und das tun sie ir-

gendwann. Die Geister stellen Forderungen. Sie helfen, um heil zu werden, aber sie sagen klar, was man im Austausch dafür zu tun hat.
Sonja wurde irgendwann krank, und im Fieber kamen Visionen und Träume zu ihr. Im Unterschied zu normalen Träumen wurden diese jedoch zur Realität, und daraufhin begann sie, dem Ruf der Geister zu folgen. Sie erlernte das Heilgebetesprechen und somit das „Wenden“, das die schamanischen Techniken unserer Vorfahren enthält. Auch über die Trommel und Reisen in die Welt der Geister erhielt sie Informationen zum Gesundheitszustand eines Klienten und darüber, was zu tun sei, um ihn zu unterstützen. Dabei muss der Klient bei Sonja immer selbst einen gewissen Teil der schamanischen Arbeit erledigen, um Eigenverantwortung für seinen Krankheitsprozess zu übernehmen. Sonja fühlt sich in ihrer Tätigkeit tief verbunden, da sie diese Verbindung zu all den hilfreichen Wesen in ihrem Herzen trägt. Sie kann sie direkt fragen und erhält direkte Antwort. Die geistige Welt steht ihr ständig mit Rat und Tat zur Verfügung.
Sonja fertigt in ihrem kleinen Dorf im Ybbstal filigrane Klosterarbeit mit der Technik des Goldspinnens. Sie stellt dabei Brautkronen, verzierte Statuen und andere rituelle Gegenstände her, und ihre Klienten besuchen sie im Zauberzimmer der „Villa Raabennest“.

▲ Sonja hält im Wald ein Ritual mit Gaben für die dort lebenden Geister ab.

Die Geschichte von Leybkneter und Schamane Amad

Diese Geschichte ist eine sehr persönliche, da er über viele Jahre mein bester Freund, Seelenbruder und geschätzter Kollege war. Als ich Amad im Frühling 2010 das erste Mal begegnete, lebte und arbeitete er in Berlin, mitten in Neukölln, in einer ebenerdigen Zweizimmerwohnung. Einer der beiden Räume war wie eine normale Massagepraxis eingerichtet: eine große Matte, eine Liege, anatomische Bilder an den Wänden, Massageöle auf den Regalen und sonst nichts. Im anderen Zimmer befand sich seine schamanische Höhle. So skurril es klingen mag, mitten im Raum stand seine selbst gebaute und mit Fellen ausgelegte Jurte. Zwei Trommeln und andere magische Gegenstände hingen an den Wänden, und es duftete kräftig nach Räucherwerk. Auf meine Frage, warum er denn die Wohnung so eingeteilt hätte, lächelte er und erklärte mir, dass manche Klienten sich vor dem Schamanenzimmer fürchteten. Wenn er dies spürte, schloss er einfach die Tür und behandelte sie im eher medizinisch anmutenden Massageraum.

▲ Amad: der Schamane, der mit den Händen sah.

HEILENDE HÄNDE

Einer meiner Klienten hatte mir Amad empfohlen, da ich nach der Geburt meines vierten Sohns unter heftigen Rückenschmerzen und Gelenkproblemen litt. Dass aus dieser ersten Begegnung eine tiefe Seelenverwandtschaft entstehen würde, konnte ich damals nicht wissen, aber Sympathie für den 1,95 Meter großen,

Heute Nacht wurde mir etwas bewusst: Ich werde immer der Schamane sein, der auch massiert und fotografiert. Ich musste das erst begreifen, um frei zu sein von dem Glauben, ich könnte etwas anderes sein. Ich könnte zum Beispiel auch kein Koch sein ... Ich muss mir eingestehen, Schamane zu sein. Erst dadurch kann ich frei sein. Ab jetzt bin ich es: der Schamane, der manchmal etwas anderes tut. Ich kann dem Schamanen in mir nicht einfach kündigen, um eine andere Tätigkeit anzunehmen. Ich habe es jahrzehntelang versucht. Nun musste ich mich selbst erkennen.

bärenstarken Mann war gleich beim ersten verschmitzten Lächeln da. Er „sah“ sofort, was meine eigene Berufung war, was für mich ein beruhigendes Zeichen war. Ein hellsichtiger Mensch, der mich ganzheitlich wahrnehmen und damit auch umfassend behandeln konnte, war mir mehr als willkommen. Mir fiel auf, dass mein Söhnchen, damals gerade zwei Jahre jung, Amad fasziniert ansah, während er mich behandelte, so als würde er etwas Besonderes erkennen, was mir verborgen blieb. Er ließ sich sogar von ihm auf den Arm nehmen, was ungewöhnlich war. Amads Ausstrahlung wirkte, solange ich ihn kannte, auf Menschen und Tiere gleichermaßen sanft, heilsam und auch sehr beruhigend.

Sobald er sich einen Überblick über meine Beschwerden verschafft hatte, begannen seine Hände von selbst die entsprechenden Stellen zu finden, und mit vorsichtigem Drücken, Ziehen und Verschieben schaffte er es, dass ich bereits nach einer Sitzung schmerzfrei war. Er erzählte mir während der Behandlung etwas über Energiebahnen im Körper, wie sie funktionierten und woran er genau erkannte, was mit einem Menschen los war. Ich war ihm dankbar und von seinem Wissen und seiner starken Persönlichkeit fasziniert. Einige Behandlungen später entwickelte sich bereits eine tiefe Freundschaft, die uns beide zehn Jahre begleitete.

HUTJE – AMADS SCHAMANISCHE LEHRERIN

Ich fragte Amad einmal, wie er zu seiner Berufung gefunden hatte. Seine eigentlichen Vorfahren waren Einwanderer und kamen, wie er erzählte, zum Teil aus Kasachstan und Westsibirien. Seine schamanische Lehrerin war je-

▲ Amads Verlangen nach Ruhe und Frieden, die er in der Natur fand, wurde im Laufe der Jahre immer größer.

doch eine waschechte Norddeutsche – wovon er mir wie folgt erzählte:
„Als ich 15 Jahre alt war und in Hamburg lebte, begann ich zu spüren, dass mit mir etwas anders war, dass ich verborgene Sachen sah, und mehr fühlte als die meisten. So fing ich recht früh an, darüber zu meditieren, um zu sehen, wie weit meine Wahrnehmung wohl ging. Dafür legte ich mich täglich, bei jedem Wetter, auf einen Elbdeich, wo ich mich tief in die Erde hineinspürte, um mehr zu erfahren. Ich versank im Deich und war so weit weg aus meinem Körper, dass die Schafe, die dort grasten, einfach auf mir herumstiegen. Sie dachten wohl, ich sei Erde oder Gras. Während dieser Zeit starben mehrere meiner Verwandten einen plötzlichen, ungewöhnlichen Tod. Ich hatte das Gefühl, dass ich damit etwas zu tun hatte. Nur was? Eines Tages hörte ich während der Meditation am Deich ein Lachen und erwachte: Auf der anderen Straßenseite stand eine kleine, weißhaarige Frau in einem Regenman-

tel, die lachend ganz genau wahrnahm, was ich da machte. Ihr Name war Hutje."

Die damals etwa 80-jährige Norddeutsche arbeitete als traditionelle Heilerin und Betfrau. Sie lebte in einem Haus am Deich und verdiente neben ihrer kleinen Rente etwas Geld durch Kartenlegen. Hutje nahm den 15-jährigen Amad unter ihre Fittiche und schenkte ihm ihr Wissen von Mund zu Ohr, wie es in der alten Tradition üblich war. Sie sagte ihm, dass sie nicht mehr viel Zeit dafür hätte, denn die ihre wäre bald abgelaufen. Seine Einweihung zum Schamanen fand nach drei Jahren Lehre im Teufelsmoor in Schleswig-Holstein statt. Amad musste drei Tage und drei Nächte fastend und allein im Moor verbringen, um, im eiskalten Wasser stehend, erste direkte Kontakte zu seinen Ahnen und klare Visionen zu erhalten. Hutje unterrichtete ihn drei Jahre lang, bis sie, wie von ihr angekündigt, mit 83 Jahren starb.

In dieser Zeit hatte Amad wichtiges Werkzeug und essenzielle schamanische Kenntnisse erworben. Er lernte, exakt mit den Händen zu „sehen", durch Abtasten und Spüren umfassend Erkrankungen wahrzunehmen und zu riechen, was in einem Körper vor sich ging. Er konnte damit sehr präzise Diagnosen stellen, die später oft von medizinischer Seite bestätigt wurden. Wenn möglich, stellte er fest, was die spirituelle Ursache der Erkrankung war. Er gab Tipps, welche einheimischen Kräuter helfen und was Menschen an sich selbst und ihrer Lebensweise verändern konnten, damit die Beschwerden sich besserten.

Zu seiner schamanischen Schule kam die Ausbildung in der Tuina-Praxis und in Shiatsu, was seine umfassenden Behandlungen sinnvoll ergänzte. Eine Berliner Heilpraktikerschule konsultierte ihn gelegentlich, um seine Diagnosen zu hören, und selbst Ärzte fragten ihn, wenn sie nicht weiterwussten. Wenn er selbst einmal bei einem Klienten ratlos war, meist bei psychischen Problemen, telefonierten wir und schätzten unseren gegenseitigen Rat. Hatte ich Klienten mit vor allem körperlichen Beschwerden, schickte ich sie zu Amad. Kamen zu ihm Menschen mit vorwiegend psychischen Problemen, schickte er sie zu mir. So lernten wir uns und unsere Arbeit über die Jahre hin schätzen.

ZUSAMMENARBEIT MIT AMAD

Als Amad mich 2018 aufsuchte, behandelten wir uns gegenseitig und er verbrachte einige lehrreiche Wochen hier in den Kärntner Bergen. Seine Fähigkeiten waren über die Jahre tiefer und umfassender geworden. Mein Mann Günther begann bei Amad zu lernen, und ich bat ihn, in unserer schamanischen Ausbildung Dozent zu werden. 2019 war es so weit und er unterrichtete unsere Schüler in Hellfühligkeit und energetischer Körperarbeit. Das war so effektiv, dass sie bei ihm nach drei Tagen bereits gelernt hatten, einen menschlichen Körper ohne Röntgengerät zu „lesen". Der Unterricht machte ihm und uns gleichermaßen Freude, er war humorvoll und steckte uns damit an.

Seine schamanische Arbeit deckte überwiegend schützende und abwehrende Techniken gegen dunkle Magie ab. Er konnte eine Art magische „Schutzglocke" installieren, sich darunter laut mit jemandem unterhalten und niemand sonst nahm auch nur ein Wort wahr. Das und vieles mehr lernte ich von ihm und wende es heute noch an. Wenn jemand spirituell angegriffen wurde und Amad um Rat bat, zeigte er ihm, wie er sich selbst schützen konnte. Er wirkte auch, indem er für sich und Hilfesuchende magische Grenzen setzte oder mit einer selbst erfundenen „Affentechnik" einen Gegner in die Irre leitete.

Immer öfter nahm ich in den letzten Jahren wahr, dass er sich nach mehr Natur und per-

▲ Amad und ich trommeln bei einem Ahnenritual.

sönlicher Entwicklung sehnte. Er lebte mitten im quirligen Berlin, jedoch sein Herz verlangte nach Ruhe und Frieden. Wir feierten hier auf dem Hof einige Rituale für seine Ahnen und wanderten hoch in die Berge. Seine Vorfahren begannen in der Wildnis mit ihm zu sprechen. Er sah sie im Traum und traf dort auch sein Krafttier, einen riesigen Yak. Er wollte ihn wieder in die Natur locken, und die Ahnen trugen ihm auf, einen Ort außerhalb der Stadt zu finden, wo er seine Fähigkeiten ohne das Großstadtgewusel leben konnte.

Dazu kam es nicht mehr. Am 12. April 2021, kurz nach seinem 53. Geburtstag, verstarb Amad an mehreren aufeinanderfolgenden Herzinfarkten. Möge seine Seele sich mit dem für ihn typischen verschmitzten Lächeln an dem von uns respektvoll weitergelebten Wissen erfreuen. Als schamanischer Geisthelfer ist Amad von der anderen Seite aus weiter für mich da.

Die heilsamen Künste des fahrenden Volks

Wenn wir heute über das „fahrende Volk" sprechen, ist so gut wie nie von ihrer Heilkunde die Rede. Vielleicht kennt man noch die „Zigeunermusik", aber ansonsten ist uns ihre Lebensweise bis heute fremd. Über Jahrhunderte wurden sie anfangs aufgrund ihres Nomadentums geächtet und durch ihre kriminellen Handlungen verfolgt und ausgegrenzt. Das traditionelle Handwerk der Schmiede, Holzschnitzer, Kesselflicker, Tierhändler, Dompteure und fahrenden Händler wird heute durch moderne Technologien und Billigwaren immer mehr eingeschränkt. Die kulturellen und persönlichen Folgen waren und sind verheerend und brachten den Fahrenden Leid, Armut und einen rapiden sozialen Abstieg. Die Roma verloren ihre ursprüngliche Kultur und begannen ihre Werte zu verraten, indem sie stahlen, betrogen und rohe Gewalt in ihrem einst friedlichen Leben Einzug hielt.

◂ Diese sympathische Romafamilie traf ich in einem Zug.

Tatsache ist aber auch, dass die Fahrenden, die ursprünglich aus dem indischen Rajasthan stammten, durch ihre unstete Lebensweise über eine beeindruckende Heilkunde und jahrtausendealte Spiritualität verfügen. Auch hier wurde zwangschristianisiert, jedoch mischt sich der alte Glaube indischer Herkunft mit dem europäischen Katholizismus bis heute. Mir sind Roma und Sinti mit indischen Wurzeln und die deutsch-österreichischen Jenischen, auch oft als „Gipse“ bezeichnet, mit germanisch-keltischen Wurzeln, bekannt.

Die Fahrenden aller Stämme bewahrten sich einen Teil ihrer Identität, was unter anderem ihrer familiären und gesellschaftlichen Struktur geschuldet ist. Magie und spirituelle Heilkunde sind bis heute ein wichtiger Teil davon und werden ausschließlich von Mund zu Ohr weitergegeben.

DIE LEBENSWEISE DER ROMA

Roma (Rom = „Mensch“) leben bis heute in einer nichtstaatlichen Gesellschaftsform in Kasten und Großfamilienclans. Ihnen steht jeweils ein Ältester vor, der in Abhängigkeit von seinem Ansehen, materiellem Wohlstand, seiner Autorität und Intelligenz, auf bestimmte Zeit oder lebenslang gewählt wird. Er trägt dann den Titel „Baro Rom“, „Sero Rom“, „Grofo“, „Kraljo“. Manchmal hat auch eine Frau, die „Phuri daj“, eine leitende Funktion inne.

Frauen haben bei den Roma ansonsten eine eher untergeordnete Stellung, sie werden selten, und nur aufgrund ihrer spirituellen Stärke, zu Anführerinnen gewählt.

Ein Roma wurde im Gras der Puszta, im Schatten des einsamen Baumes, der dort wuchs, geboren. Ein sanfter Wind küsste seine Stirn, der Regen wusch und taufte ihn, und der Storch, der in seinem Nest saß, war ihm Taufpate. Kein lebender Mensch nahm Kenntnis von ihm …

Mitfühlendes, menschliches Verhalten, Glück, Liebe und Freiheit standen für die Roma einst, wie auch in unserer Gesellschaft und im früheren Christentum, im Mittelpunkt der moralischen Werte. Der Sinn ihrer Existenz bestand ursprünglich im wahren menschlichen und naturverbundenen Sein. Ihre höchsten Ideale waren die Freiheit, Lebensfreude und Liebe, was heute leider kaum noch in der Form zu finden ist.

Die meisten Roma, die ich auf meinen Reisen kennenlernte, leben in Elend und Verzweiflung. Sie sind weit von der ursprünglichen spirituellen Kraft ihres Volkes entfernt, und der Missbrauch magischen Wissens durch sie ist durch viele Beispiele belegt, was sich in Verwünschungen und dunklem Zauber, durch Neid, Missgunst und Eifersucht zeigte. Ich traf sie als Bettlersklaven oder Taschendiebe, an einen reichen Baron verkauft, auf den Straßen Deutschlands, armselig, oft krank. Natürlich gab ich ihnen etwas Geld, aber vor allem zu essen und zu trinken, denn manchmal hatten sie

▲ Die Werte Lebensfreude, Freiheit und Liebe werden von der Zahl drei verkörpert.

tagelang nichts bekommen. Ich setzte mich an ihre Seite, versuchte zuzuhören und sie in langen Gesprächen immer wieder an sich selbst und ihre ursprüngliche Kraft zu erinnern.

Weltbild und Kultur

Rituale und Heilarbeit sind in der Roma-Kultur mit Gesängen, Musik und Tanz verbunden und werden bis heute leidenschaftlich gepflegt. Jede Hochzeit, Geburt, Familienzusammenkunft, jedes Totenritual und jede Beerdigung wird begleitet von Musik und rituellen Gaben: Kerzen, Blumen und Geld für den Himmelsgott, für die Erdenmutter, aber auch für die Kirche. Fast jedes Ritual enthält auch segnende Geldspenden für ärmere Menschen. Die überlieferten indischen Riten – „Puranimata" – nehmen einen zentralen Platz im Leben der Fahrenden ein.

Roma haben ein traditionelles religiöses System von Gut und Edel (= „Odel") und Böse (= „O Benges"). Eine wichtige spirituelle Funktion nimmt die dunkle Erdenmutter „Phu" ein. Eines der wichtigsten jährlichen rituellen Feste ist bis heute eine Pilgerfahrt nach Saintes-Maries-de-la-Mer in Südfrankreich, wo sich am 24. Mai Tausende Roma-Familien zusammenfinden, um die schwarze Göttin „Sara" zu ehren, die die Erdenmutter verkörpert und aus meiner Sicht große Ähnlichkeit mit der indischen Göttin „Kali" aufweist. Die Statue wird in einer Prozession durch die Menge getragen. Um von ihr Kraft und Segen zu erhalten, küssen die Roma den Saum des Kleides der Statue, die nach der Prozession mehrmals ins Meer getaucht wird. Alle Anwesenden werden danach mit dem gesegneten Meerwasser besprengt, was Kraft, Kindersegen und Gesundheit bringt und an einen alten indischen Fruchtbarkeitsritus angelehnt ist.

Das mythologische Weltbild der Roma ist animistisch und umfasst die Beseelung aller Wesen sowie den Respekt vor den ewigen Gesetzen der Natur. So nehmen verschiedene Feen, Elfen und Geister wichtige Funktionen in der Heilkunde ein. Die spirituelle Heilkunst für Menschen wird traditionell von Frauen, die für Tiere von Männern ausgeübt. Roma beherrschen die Diagnose des Handlesens, des Karten-Orakels, und die intuitive Beobachtung des Fragenden. Ebenso kennen sie Formen der Urin- und Antlitzdiagnose.

Rituale und Gebete sowie Kenntnisse über Opfergaben wurden von Mutter zu Tochter weitergegeben. Heilendes für Tiere und handwerk-

▲ Ursprünglich war das fahrende Volk vor allem durch seine Reisen eng mit den Rhythmen der Natur verbunden.

liches Können wanderte vom Vater auf den Sohn oder Enkel. In beinahe jedem Heilritual kamen Kräuter und deren Essenzen sowie Extrakte von Tieren zum Einsatz. Durch ihre Reisen in die unwirtliche Wildnis verschiedener Länder tief mit der Natur verbunden, sammelten die Roma Wissen aus vielen Gegenden und Kulturen. Ihr Leben war eng mit den Tieren, Pflanzen und Wettererscheinungen verbunden, um diese in der Not mit magischen Handlungen und Gebeten zu beeinflussen, denn ihr Leben hing nicht selten davon ab.

In der Roma-Mythologie sind „Vater Himmel“ und „Mutter Erde“ in so enger Liebesumarmung verschlungen, dass in deren Mitte tiefe Dunkelheit herrscht. Die Erde wird vom Himmel befruchtet und gebiert Menschen, Tiere, aber auch verschiedene Naturwesen, die je nach Verhalten den Menschen freundlich und wohlgesonnen waren oder ihnen in feindlicher Absicht gegenübertraten. Die Einstellung zur Ursache von Krankheit und Gesundheit ähnelt jener der Völkerstämme Nepals, Indiens und zum Teil Afrikas. Aus Sicht der Roma wurden viele Beschwerden durch verärgerte Naturwesen ausgelöst, die bei spirituellen Handlungen bestimmte Gaben und Riten verlangen, um befriedet zu werden, damit der Erkrankte gesunden kann.

HEILMITTEL UND RITUALE

Der Glaube, dass man Leiden verursachende Wesen besänftigen oder vertreiben und deren Rückkehr verhindert werden müsse, um Krankheiten zu heilen, ist auch heute noch tief in der Kultur der Fahrenden verwurzelt. Die Namen der Wesen variieren – von Feen, Elfen bis zu Geistern und Dämonen. Mit heilsam tönenden Ritualen, uralten Gebeten und Kräutern werden sie durch die Heilerin vom Kranken weggeholt. Überlässt man einem solchen Dämon einige Tropfen Blut, kann ihn das besänftigen. Die Störenfriede werden satt und zufrieden zurück in die Wildnis geschickt.

Körpersäften wie Speichel und Blut werden bei den Roma magische Fähigkeiten zugeschrieben. So heilt zum Beispiel eine Wunde besser, wenn sie abgeleckt wird. Auch das Ausspucken vor einem Feind ist heilsam. Indem man die

schädigenden Energien einfach auswirft, können die negativen Gefühle einen nicht überwältigen, und die Situation bleibt friedlich.
Eine weitere Ursache von Erkrankungen ist der „böse Blick". Durch Neid, Gier und Missgunst verursacht, werden durch ihn negative Emotionen wie Viren auf die „angestarrte" Person übertragen. Besonders Frauen und Kinder sind dieser unheilvollen Kraft von Menschen und Wesen, die es nicht gut mit ihnen meinen, bei Abwesenheit des Ehemannes ausgesetzt. Daher benötigen sie besonderen Schutz durch die Gemeinschaft. Vor der Abreise des Gatten werden daher Rituale zelebriert, Zaubermittel verabreicht oder Amulette gefertigt, die Schaden für die Familie verhindern sollen. Freunde und Nachbarn beten regelmäßig für die Rückkehr des Mannes und die Gesundheit der Familie.
Bis heute nutzen Roma ihre traditionelle Musik als Heilmittel. Oft spielen Musiker stundenlang fröhliche Lieder am Lager eines Erkrankten, um die Schadensgeister aus ihrem Versteck zu locken, zu besänftigen, sie umzustimmen oder zu vertreiben. Als Dank für ihre Bemühungen erhalten sie Geldscheine, die mit Butter auf die Stirn geklebt werden. Sie sollen wie ein Amulett gegen die Geister wirken, sodass die Musiker ihrerseits geschützt sind.
Das „Abbinden" und „Lösen" von Krankheiten in Form verschiedener Knoten in Seilen oder Garn, und das „Zurückzählen", das auch von unseren einheimischen Wendern eingesetzt wird, gehört ebenfalls zum Roma-Repertoire.
Nach einer heilsamen Zeremonie wird ein Schutzamulett angefertigt, das Zauberdinge beinhaltet, die auf die Erkrankung abgestimmt sind. Für Amulette, die vor Verzauberung schützen sollen, werden Halsketten aus Stechapfel, Alraunenwurzel, Bilsenkraut, Igelstacheln, Rabenschnäbeln, aus Rabenkrallen, Füßen von Raubvögeln, Wolfskrallen oder besonders starken Bärenkrallen hergestellt. Sie werden zusätzlich von den Clanhäuptlingen oder Heilern mit Gebeten und dem schützenden Feuer geweiht sowie mit magischen Zeichen und Buchstaben versehen. Die Talismane der Roma sind hingegen Glücksbringer, die rituell aus verschiedenen Metallen oder Edelsteinen gefertigt werden, um Glück, Harmonie, Wohlstand und einen passenden Partner im Leben anzuziehen.

▲ Roma „lösen" in ihren Heilritualen verschiedene Krankheiten in Form von Knoten in Seilen oder Garn.

RITUAL

EIN ROMA-HEILRITUAL

▲ Der Sinti Sony bei einer Heilzeremonie.

Gegen den „bösen Blick" Ist eine Person durch diesen Blick erkrankt, badet der Heiler sie in Wasser, das über ein Messer oder Sensenblatt in die Wanne gegossen wird. Das Metall verhindert und vertreibt die Wirkung der durch menschliche Bosheit entstandenen Dämonen.

Gegen Migräne und chronische Kopfschmerzen Diese Leiden können ebenfalls durch den bösen Blick oder durch Verwünschungen verursacht werden. In diesem Fall trinkt der Kranke Wasser, das aus neun verschiedenen Quellen rituell schweigend gesammelt und durch Gebete präpariert wird. Danach werden, unter Rückwärtszählen von neun bis eins, glühende Kohlenstücke hineingeworfen. Sie vertreiben die Krankheitsdämonen. Dieses Wasser trinkt der Kranke zuerst und wäscht danach symbolisch Gesicht, Hände und Herzgegend damit. Der Rest der Flüssigkeit wird in einem Erdloch vergraben.

Essigflicken gegen chronische Kopfschmerzen Tränke einen Leinenlappen mit Essig und binde ihn um den Kopf. Am nächsten Morgen bring ihn noch vor Sonnenaufgang in den Wald und sprich:

Schmerz, du Schmerz in meinem Kopf,
mit dem Vater alles Schlechten
sollst du, Schmerz verfluchter, rechten.
Bleib jetzt hier, sei doch so klug,
mich gequält hast du genug.

EIN RITUAL BEI FIEBER UND INFEKTIONEN

Sammle Zweige von neun verschiedenen Hölzern, und geh damit zu einem Fluss. Wirf sie während des Gebets über deinen Rücken hinweg nacheinander ins Wasser und sprich:

Fieber, Fieber weiche von (Namen einsetzen),
Wasser, Wasser geb ich dir.
Kein Freund von dir ich bin,
drum geh nun dahin,
wo man dich gepflegt hat,
wo man dich geliebt hat.
Wassergeister helfet mir.

TRADITIONELLES RÄUCHER-RITUAL DER ROMA

Gegen Schadensgeister Diese Mischung vertreibt sie, schützt aber auch vorbeugend: Sammle Majoran, Minze, Brombeerblätter, Königskerze, Rosmarin, Melisse, Lavendel, Thymian, Veilchen und wirf eine Handvoll davon ins Feuer (Ofen, Räucherschale). Lass es den Erkrankten einatmen.

Gegen den „bösen Blick“ Bei Erkrankung aufgrund von Neid, Missgunst, Eifersucht, Mobbing: Mische feuchtes Stroh von Gerste, Hafer, Roggen und Weizen und verbrenne es so, dass der Kranke im Rauch sitzt und davon eingehüllt wird. Anschließend wirf die Asche in den Fluss mit den Worten:

Stroh ist verbrannt,
Asche fließt fort.
Böser Zauber geh von hier
wie Rauch und Asche.

▲ In einem Räucherritual werden unerwünschte Energien gelöst und verschwinden als Rauch.

Die finnische Schamanin Christiana

Christiana Aro-Harle wurde in einer presbyterianisch-christlichen Familie Nordkaliforniens geboren und erlebte bereits als Kind eine Welt voller Geister, was sie aber mit ihren Eltern nicht wirklich teilen konnte. Jedoch waren sie viel zusammen in den Wäldern unterwegs, und Chrissy, wie sie auch genannt wurde, lernte auf langen Wanderungen eine Menge über Wildnis, Pflanzen, Tiere und hatte wunderbare Naturerlebnisse.

Als sie neun Jahre alt war, erkrankte sie so ernsthaft, dass die Ärzte im Krankenhaus sie zum Sterben heimschickten. Entgegen allen medizinischen Erwartungen starb sie jedoch nicht, sondern begann nach diesem Ereignis stärker und luzide zu träumen und sich darüber mit der Welt der Geister zu verbinden. Ihre Eltern setzten all dies in den christlichen Kontext, jedoch mit der Zeit spürte Chrissy, dass das für sie einfach nicht stimmte.

Ende der 80er-Jahre zog Christiana nach Finnland und begann, sich mit visueller Anthropologie, Atemtherapie, bewusstem Träumen und Animismus zu beschäftigen. Als Organisatorin von Konferenzen und als Mitwirkende der Nordisch-Anthropologischen Filmgesellschaft fand

▲ Christiana kommuniziert und wirkt heilsam durch die Kraft des Singens.

sie darüber ihren schamanischen Weg, der mit dem klassischen Core-Schamanismus der Schule von Jonathan Horowitz begann. Sie reiste unter anderem ins sibirische Tuwa, um dort beim Khoomei-Singfestival mitzuwirken, und unterrichtet seit den 90er-Jahren holistisches Atmen und Stimmarbeit.

DER WEG NACH TUWA

Ihr damaliger Partner Heimo führte wissenschaftliche Studien zum sibirischen Schamanismus in Tuwa und Ostsibirien durch, wodurch Christiana immer mehr in direkten Kontakt mit den Völkern animistischer Schamanenwelten kam. Während eines Gruppenworkshops starb Heimo 1994 an einem Herzinfarkt. Für Christiana war dieser plötzliche Tod eine harte Form der Initiation und damit der Beginn eines ganz eigenen Wegs, der sie zunächst direkt ins sibirische Tuwa zu den dortigen Schamanen führte.

Anfangs reiste sie dahin, um zu verstehen, was genau mit ihrem Partner geschehen war, und um seine Asche dort hinzubringen, wie es sein Wunsch gewesen war. Später kehrte sie zurück, um mehr über Schamanismus zu lernen. Zu dieser Zeit versammelten sich viele tuwinische Schamanen unter der Führung von Kham-Kirgisen auf dem heiligen Berg „Chajürakan“, um Heimo für seine Arbeit und seine Inspiration zu ehren.

Dies inspirierte Mongush Kenin-Lopsan dazu, das schamanische Heilzentrum „Düngür“ in Kyzyl zu gründen, das von der Regierung unterstutzt wurde und noch heute besteht. Es verfügt über verschiedene Zeremonienräume zur Seelenheilung. Die Schamanen arbeiten dort seit den 1990er-Jahren mit medizinischen Fachkräften zusammen. Dieses städtische Zentrum gibt ländlich Wohnenden die Möglichkeit, hier Zeremonien für viele Menschen durchzuführen.

Durch diese Begegnungen lernte Christiana die alte Schamanin Kham Kadai Tözhu Tezhit Lopsanovna kennen, die in Kungurtug, an der südöstlichen Grenze zur Mongolei, auf einem einsamen Plateau lebte. Sie reiste zwei Jahre lang zu ihr und auch zu mehreren anderen Schamanen im Westen von Tuwa, um Rituale und Heilpraktiken zu erlernen. In der Zeit wurde sie in die Clans dieser Gegend aufgenommen. Die Menschen boten ihr an, dort zu bleiben und sie zu unterstützen. Christiana fühlte sich wohl in der Einfachheit, zwischen all den starken Geistern der Steppe, und lernte auf traditionelle Weise in der Jurte der Schamanin zwischen Rentieren und Adlern. Ihre Hauptlehrer in Tuwa waren neben ihr unter anderem Kham Mongush Kenin-Lopsan, Kham Saryglar Borbak-Ool, Kham Kuular Mokur-Ool Seveenovich. Am Ende der Reise durchlief sie eine klassische Initiationszeremonie. Ihre Seele fühlte sich dort zu Hause, und hätte es ihren Sohn in Finnland nicht gegeben, wäre sie wohl geblieben.

DIE KRAFT DER TÖNE

Seit ihrer Kindheit, damals im Kirchenchor und später in Gruppen und Opernchören, singt Christiana. Über Töne, als spirituelle Brücke, wandern wohlwollende Geistwesen in unsere

Welt. Sie singt für alle Wesen, Götter, Tiere und Pflanzen, um auf die Weise eine Kommunikation und Verbindung auf Seelenebene herzustellen. Zusammen mit ihren Schülern findet sie die Lieder der Seele, denn sie ist überzeugt: Alles, was man erlebt, kann man auch singen. So drückt sich ihr Geist über gesungene Wortbilder und Melodien aus und wirkt über harmonische Schwingung und Töne heilsam auf die Seele von Hilfesuchenden. Seit sie nach Finnland gezogen ist, gilt ihr Interesse auch dem finnisch-karelischen Liedgut und den Runenliedern der estnisch-baltischen Kultur.

Ihre Übergangsriten und Zeremonien beinhalten vor allem Elemente aus dem sibirischen und mongolischen Schamanismus, und in zahlreichen Gruppen unterrichtet sie seit ihrer Rückkehr aus Sibirien schamanische Reisen, Naturverbindung, Trommelbau, Methoden der Stimmöffnung und lehrt den Umgang mit der Stimme als schamanisches Instrument. Sie ist als Beraterin tätig, leitet Workshops, bietet Einzel- und Gruppenheilungen, Zeremonien und Übergangsriten in Finnland, Estland und überall dort an, wo sie eingeladen oder gerufen wird. Und sie setzt sich für die Rückkehr der finnischen Sauna als revitalisierende Heil- und Initiationszeremonie ein.

Christiana Aro-Harle arbeitet heute von ihrem Zuhause in Finnland aus, im Dorf Ruotsinpyhtää oder gelegentlich in Espoo, in der Praxis ihres Mannes, einem biodynamischen Osteopathen. Sie führen ganzheitliche Behandlungen in Verbindung mit schamanischen Ritualen, Stimm-, Atem- und Körpertherapie durch.

◂ Saara, eine Schülerin von Christiana, singt die Kalevala-Lieder in karelischer Sprache und spinnt dabei das Netz des Schicksals neu.

Jankhri Arwen aus Vorarlberg

Arwen wurde in Vorarlberg, in Dornbirn geboren, wuchs dann im ländlichen Rohrbach auf, das damals sehr dünn besiedelt war. Seit ihrer Kindheit konnte sie wesentlich mehr als das Offensichtliche um sich herum wahrnehmen. Sie begann schon mit sechs Jahren, einen Altar im Zimmer aufzubauen, um dort Kontakt zu Naturwesen aufzunehmen. Die meiste Zeit ihrer Kindheit verbrachte sie aber im Bergwald oder am Fluss und fühlte sich dort auf natürliche Weise mit allem verbunden.

Wie viele wiedergeborene Schamanen fand sie in Europa nicht das, was sie suchte. Es gab keine Lehrer, die sie, ihren Fähigkeiten entsprechend, auszubilden imstande waren. Klare Träume und Visionen von Göttern und verschiedenen Wesen drängten sie aber, den schamanischen Weg weiterzugehen. So begann sie mit zwölf Jahren Bücher über Kräuter und Schamanismus zu lesen, um bald darauf nach einer fundierten Ausbildung zu suchen.

▸ Arwen führt Heilrituale mit der „Dhyangro", der nepalesischen Trommel, durch.

DER WEG ZUR NEPALI-SCHAMANIN

Das führte sie zunächst zur Internationalen Shamanic Foundation, wo Arwen auf einem Kongress die koreanische Schamanin Hiah Park kennenlernte, die sie mehrere Jahre unterrichtete. Sechs Jahre später lernte sie in den 1990er-Jahren die sibirische Schamanin Nadja Stepanowa kennen, die für weitere drei Jahre ihre Lehrerin wurde. Arwen erhielt am Baikalsee ihre erste Schamanenweihe, lernte Russisch und die Grundlagen des sibirischen Schamanismus. Durch eine Erkrankung bedingt riss der Kontakt zu ihrer Lehrerin jedoch ab, und Arwen begann, sich wieder auf die Suche nach einem Lehrer zu machen.

So begegnete sie eines Tages Mohan Rai, dem Kirati-Schamanen aus Nepal, der damals Workshops in Deutschland gab und ihr eine umfassende Ausbildung ermöglichte. Er gab ihr auch die erste Weihe zur Jankhri (Nepali-Schamanin). Die Rituale und Heilzeremonien der Nepali-Schamanen sollten ihr spirituelles Zuhause werden. Deren gut strukturierte rituelle Abläufe und das jahrtausendealte Wissen gaben ihr, was sie immer schon gesucht hatte: eine fundierte Ausbildung, die bis heute weiterläuft. Leider starb Mohan Rai mit 86 Jahren nach einer Lungenerkrankung. Da er seinerzeit in Kathmandu eine Schule für Schamanismus betrieb, war er nicht ihr einziger Lehrer. Die Jankhri arbeiteten im Team mit Tamang-, Kirati- und Sherpa-Schamanen zusammen, und Arwen lernte ihren heutigen Lehrer Dawa Sherpa und die Kirati-Schamanin Parvati Rai kennen.

Nur wenige Europäer schaffen es, bei der strengen Disziplin und Ausdauer der Nepali-Schamanen über so viele Jahre mitzuhalten. Bereits 18 Jahre lernt, arbeitet und lehrt die heute 54-jährige Arwen nun schon im nepalesischen Kontext. Jedes Jahr fliegt sie für einige Wochen in den Himalaya, um dort ihren Lehrer Dawa Sherpa zu treffen, mehr Wissen zu erwerben und neue Erfahrungen zu sammeln. Mittlerweile unterrichtet Arwen auch Menschen, die sich für Schamanismus interessieren, in ihrer Heimat Amerlügen.

ARWENS ARBEITSALLTAG IM VORARLBERG

Wie sieht der Alltag einer Jankhri-Schamanin aus Österreich aus? Ihr normaler Arbeitstag beginnt bereits gegen 5:30 Uhr. Arwen hat vor ihrem Haus einen Platz, auf dem sich die Altäre für die verschiedenen Götter und Wesenheiten des nepalesischen Schamanismus befinden. Es gibt einen für den Schöpfergott „Shiva", für „Durga", die auf dem Löwen reitende Göttin der weiblichen Kraft, für die Schlangenwesen „Naga", für die „Shikari", die Jagdgeister, und für den Herrn des Waldes und ersten Schamanen „Bhanjhakri". Sie alle werden täglich von ihr gepflegt und geschmückt. Nachdem sie ihr Morgenritual gefeiert und die Altäre hergerichtet hat, kommen ab 7 Uhr bereits die ersten Klienten.

Oft bringen sie Gaben wie Blumen, Süßigkeiten, Brot und Käse mit, für die Wesenheiten, die durch Arwen wirken. Im Halbstundentakt, manchmal auch länger, unterstützt sie die unterschiedlichsten Anliegen auf traditionell schamanische Weise. Bei einfachen Fällen spricht sie Mantras (Heilgebete) auf Nepali und in der überlieferten Sprache der Schamanen, singt heilende Lieder, extrahiert mit ihrem „Phurba" (eine Art hölzerner Geisterdolch) schädigende Energien aus dem Körper und bringt verlorene Seelenanteile zurück. Wenn es größere Probleme gibt, führt sie aufwendigere Rituale in Verbindung mit Trommel, Trance und Tänzen durch, bei denen eine lange Vorbereitung und oft mehrere Helfer vonnöten sind. Sie müssen gelegentlich mehrmals wiederholt werden. Dieser Aufwand lohnt sich, denn viele ihrer Klienten erhalten wertvolle Unterstützung für die Selbstheilung durch die starken Wesen, die durch Arwen wirken.

Die Verbindung zu den Göttern des keltischen Vorarlbergs hält sie über die Jahreskreisfeste und Rituale, die ihr Mann Uthar Ariwinnar, ein keltischer Druide, feiert. Sie gründeten einen Keltenverein, um das alte traditionelle Wissen der Überlieferung zu fördern. Bei diesen Festen und Ritualen wirkt sie nicht als Schamanin, sondern unterstützt die rituelle Arbeit ihres Mannes. So hält Arwen die Verbindung zu den hiesigen Geisterwelten und der einheimischen Kultur, die ihr starke Wurzeln verleihen.

▾ Der Phurba oder Geisterdolch ist ein wichtiges Werkzeug, das vor allem dem Schutz des Schamanen dient. Er kann schädigende Energien in die obere oder untere Welt ableiten.

Der norddeutsche Schamane Voenix

Als Künstler, Autor und Betreiber des YouTube-Kanals „Heiden-TV" ist Voenix seit den 90er-Jahren deutschlandweit bekannt. Seine Comics und Bücher sowie „Das germanische Götterorakel" inspirierten bereits viele Menschen, die Pfade der alten Götter neu zu erkunden. Seine Kunst, vor allem seine Malerei, enthält viele schamanische Motive und mystische Themen.

Sein Interesse am Schamanismus erwachte, als er in den 1980er-Jahren Bücher über mittelamerikanischen Schamanismus las, in denen er sich und sein Erleben wiedererkannte. Viele seiner Erlebnisse aus der Vergangenheit machten plötzlich Sinn, und er begann, dem schamanischen Weg auf ganz individuelle Weise zu folgen. Im Alter von 27 Jahren lernte Voenix den Schweizer Astrologen, Autor und Schattenmagier Akron kennen. Es entstand eine tiefe, langjährige Freundschaft, in deren Verlauf Akron zu seinem Mentor und Lehrer wurde. Durch ihn inspiriert, erhielt Voenix tiefe Einblicke in die Schattenseiten der menschlichen Seele, die ihn auch mit seinen eigenen destruktiven Seiten und Schatten konfrontierten.

Bereits in jungen Jahren suchten ihn viele Freunde und Bekannte auf, um Rat und Beistand in schwierigen Situationen zu finden, denn er besitzt seit der Kindheit die Fähigkeit, sich in das Unterbewusstsein des Fragenden hineinzuträumen. Das fördert Dinge zutage, die auf beiden Seiten immer wieder Erstaunen auslösen. Voenix wirkt wie eine Art schamanischer Traumheiler.

Er lernte über viele Jahre und durch Erfahrung autodidaktisch, Körpergifte, Dämonen und Schatten aus der menschlichen Seele zu entfernen, indem er sie durch verschiedene Instrumente schamanisch extrahierte, aussaugte oder abschnitt. Im Lauf seines Lebens und durch viele praktische Erfahrungen entwickelte er intuitiv Methoden, seine schamanische Arbeit für die Hilfesuchenden effektiver zu gestalten.

DAS LEBEN ALS LEHRMEISTER

Offizielle Ausbildungen hat Voenix nie absolviert. Das Leben selbst, mit eigenen Erfahrungen, und die tiefe Verbindung zur Natur des hessischen Waldes und seinen Wesen lehrte ihn, was er für seine Arbeit braucht. Auch aus seiner Sicht endet das Lernen im Schamanismus nie, es ist Teil des Weges und macht dessen Authentizität und Lebendigkeit aus. Rund siebzig Prozent seiner Klienten kommen zu ihm, um die Folgen von sexuellem Missbrauch, zerrütteten Familienverhältnissen und anderen schweren Traumata anzusehen. Mit seiner Unterstützung wirken die einheimischen schamanischen Felder und die Natur heilsam und nachhaltig auf die Hilfesuchenden ein. Überwiegend kommen Frauen zu ihm, aber auch Männer haben traumatische Erfahrungen gemacht, die mit seinem Wissen und Können aufgearbeitet werden.

Der Schamane ist erstaunt, wie weit verbreitet Themen wie Kriegstraumata und sexueller Missbrauch bis heute sind und wie wenig darüber gesprochen wird. Unbewusst und ungesehen beeinflussen sie den Alltag vieler Familien und Generationen. In der Trancereise oder im Traumfeld taucht er tief in die Traumata ein, um die Themen, die dahinterstehen, mithilfe der geistigen Welt nachhaltig positiv zu beeinflussen.

Hat ein Hilfesuchender, durch einen Schock in der Vergangenheit, Anteile von sich zurückgelassen, hilft Voenix ihm, sie selbst wieder aufzuspüren, um sie in einer Seelenrückholungsreise zu integrieren. Für diese tiefgreifende Heilarbeit nutzt er unter anderem die Rassel und die Trommel.

Bei der Begegnung mit einem überfahrenen Igel erhielt er, während eines Moments des tiefsten Mitgefühls, von der geistigen Welt ein Kraftlied, das er bis heute bei den Behandlungen verwendet. Je nachdem, was anliegt, ruft Voenix sein Krafttier, den Sonnenhirsch, zu Hilfe. Ansonsten arbeitet er mit Symbolen, die sich bei den Klienten während einer gemeinsamen schamanischen Reise zeigen. Die größte Freude ist es für ihn, wenn er diese Menschen nach einer Weile wiedertrifft, sie ihm selbstbewusst und kraftvoll begegnen und berichten, dass sich ihr Leben zum Besseren gewendet hat.

Seit zehn Jahren leitet Voenix regelmäßig kleine Heilkreise, bei denen acht bis zehn Personen für mehrere Tage zusammenkommen und in schamanischen Trommelreisen gemeinsam ihre Themen bearbeiten. Jeder hat die Möglichkeit, in diesem Rahmen auch versteckte Fähigkeiten zu entdecken, die Intuition zu schulen und im geschützten Feld an der Selbstheilung zu arbeiten. Gemeinsam und intuitiv kreiert die Gruppe kleine Zeremonien, und oft hat jemand rein zufällig die passende „Medizin“ für den Hilfesuchenden dabei.

▲ Vönix' Trommel mit germanischen Motiven, die an europäische Wanengötter erinnern.

Der Weg des Zaunreiters Günther

JENISCHE WURZELN

Als er in einem Siedlungshaus einer Arbeiterfamilie mit vier Generationen aus drei Ethnien aufwuchs, ahnte Günther noch nichts von seiner Herkunft. Von außen betrachtet sah alles nach einer normalen Familie aus. Dennoch gehörte er nie dazu. Er sah anders aus, dachte anders und fühlte viel mehr als seine Eltern und der Bruder. Vater und Mutter waren Atheisten und Kommunisten, sodass er mit den Auswirkungen des österreichischen Katholizismus wenig zu tun hatte. Sein Großvater mütterlicherseits nahm ihn bereits als kleinen Buben mit in die Nockberge auf die Heilkräuterjagd. Die beiden stiegen hoch hinauf über den Millstätter See und sammelten dort, auf über 2000 Meter Höhe, die reinsten und kräftigsten Heilpflanzen für die eigene Hausapotheke. Die Überschüsse verkauften sie an den örtlichen Apotheker. Die endlosen Wanderungen mit seinem geduldig und liebevoll erklärenden Großvater waren wundervolle Kindheitserinnerungen.

▲ Günther hatte schon seit frühester Kindheit einen direkten Draht zur Natur.

Gelegentlich schaute in dieser Zeit ein merkwürdiger Mann in ihrem Haus vorbei, der bunte, lange Frauenröcke und eine Menge Schmuck trug sowie geheimnisvolle Dinge tat, was jedoch außer Günther niemand hinterfragte. Der Mann war ein „Jenischer", heute würde man sagen, ein traditionell schamanischer Heiler. Niemand sprach über ihn. Er erschien irgendwann abends im Dunkeln und verschwand wieder, ohne sichtbare Spuren zu hinterlassen. Wenn jemand krank war, roch er an seinen Ausdünstungen und murmelte dazu mit leiser Stimme geheimnisvolle Zaubersprüche, oder er wischte mit Kräutern und Zweigen über den Körper des Erkrankten. Er war der beste Freund des Großvaters. Die beiden saßen oft zusammen im Garten und tuschelten.

Die Urgroßmutter war ebenso seltsam und redete in einer Sprache, die niemand außer Günthers Mutter verstand. Es war „windisch" oder „jenisch", doch niemand sollte davon wissen. Den Kindern war es streng verboten, mit anderen aus der Arbeitersiedlung zu spielen, über ihr Zuhause zu reden oder Freunde mit heimzubringen. Die Angst, als Zigeuner oder „Gipse" diffamiert oder eingesperrt zu werden, steckte wohl der Familie nach dem Dritten Reich noch in den Knochen. So erfuhr Günther erst sehr viel später von seiner Herkunft und seinen jenischen Wurzeln.

Das Draußensein im wilden Bergwald war für die beiden Brüder sehr wichtig, dort oben waren sie frei von den Zwängen und Sorgen der Erwachsenen und konnten sich unbeschwert entfalten. Die Berggeister und Tiere waren dem Jungen manchmal näher als die Menschen unten im Tal. In den 1970er-Jahren entdeckte Günther eine Gruppe von jugendlichen Sannyasins, die einem erleuchteten indischen Guru folgten. Bei ihnen lernte er Essenzielles über Spiritualität und indische Philosophie, und er übte sich in verschiedenen Meditationstechniken. Er fand es für sich jedoch nicht stimmig, dieser Gruppe über längere Zeit zu folgen und sich an einen Guru zu binden, da seine Lebenseinstellung eher frei, naturverbunden und unabhängig war. Günther folgte seit früher Jugend seinem eigenen Weg in aller Konsequenz.

DER DRANG NACH FREIHEIT

Obwohl er eine Frohnatur war, fühlte er sich doch sehr erleichtert, als er mit 15 Jahren endlich aus dem engen Elternhaus ausziehen konnte. Sein Drang nach Freiheit und dem Einssein mit der Natur war so stark, dass er mit 22 Jahren, nach Abschluss eines Wirtschaftsstudiums und kurzer Tätigkeit als Manager im Welthandel, eine persönliche Entscheidung traf. Auf einer Champagnerparty seiner Firma, auf einer schicken Yacht am Wörthersee, sah er plötzlich in einer Vision, was sich hinter den Kulissen der feinen Gesellschaft abspielte, er erkannte die wahren Bedürfnisse, die Lügen und das Unglück hinter den Fassaden. In diesem erhellenden Moment hatte er das Gefühl, im falschen Film zu sein. In der nächsten Sekunde zog er bereits seinen Anzug aus, riss sich die Krawatte vom Hals und schwamm zum Entsetzen der anderen in Unterwäsche ans Ufer des Wörthersees. Sein freier Geist konnte dieses Leben keine Sekunde länger ertragen.

Diese Entscheidung befreite ihn gleichzeitig aus beruflichen, elterlichen und gesellschaftlichen Zwängen. Günther ging mit einem Rucksack in den wilden Bergwald, um sich selbst und seinen Weg klar zu sehen. Er lebte dort genau ein Jahr und einen Tag lang, aß, was er fand, und schlief, wenn es zu kalt war, in einem Heuschober oder einer leerstehenden Berghütte.

▲ Der Rabe, Symbol für den Ahnengeist, ist der wichtigste Helfer für Gypsy-Heiler.

Was er in der Einsamkeit der Nockberge fand, war das größte Geschenk seines Lebens: Inmitten der Eiseskälte und Unbequemlichkeit des Draußenlebens fand er sich selbst und erkannte, dass seine geistigen Wurzeln im Grün der Wälder, im Rufen der Hirsche, Füchse und Rehe sowie im selbstverständlichen Sein mit allen Wesen lagen. Eines winterlichen Morgens, zitternd in einem Schlafsack auf einer Almwiese liegend, umringte ihn eine ziemlich große, friedlich grasende Herde Rehe. Kein einziges Tier fürchtete sich vor seiner Anwesenheit. Er war ein Teil von allem, er war Natur, so wie die Rehe und der Wald um ihn. Tief berührt verstand er, was kein Buch je erklären könnte.

Die Erkenntnis der Verbundenheit nahm er mit in sein ungewöhnliches Leben. Als Wanderschäfer, Ziegenbauer, Sozialarbeiter, Hundetrainer und Wildnis-Coach lebte er bis zu seinem 55sten Lebensjahr überwiegend nomadisch, wie unsere Vorfahren vor Tausenden von Jahren. Dieses wilde, freie Leben war tief verbunden mit der Natur, es nährte und stärkte seinen Körper und Geist. Seine freie, wilde Seele singt bis jetzt mit den Raben und Bergadlern, die seinem Ruf folgen. Eine natürliche Form der Spiritualität und Verbundenheit fließt durch all sein Tun.

Günther Kramer erhielt vor einigen Jahren eine Initiation zum schamanischen Heiler, dem „Bonthing", bei den Lepcha in Sikkim, Nordindien. Ein sibirischer Schamane vermittelte ihm zudem einige Rituale zur Befriedung der Ahnenlinien, was besonders der jenischen Familienlinie zugutekam. Er ist seit einigen Jahren sesshaft geworden, jedoch über regelmäßige Reisen durch Asien und Europa weiter tief mit seinen nomadischen Ahnenwurzeln verbunden. Günther ist Lehrer für traditionelle schamanische Heilweisen und vermittelt den Schülern vor allem die Naturverbindung.

Er berät heute, mit 63 Jahren, auf dem Kramerhof in Kärnten Hilfesuchende mit körperlichen, sozialen und persönlichen Problemen, und reist mit seiner Trommel zum Ursprung ihrer Probleme. Mithilfe der Heilkraft seiner Hände und der natürlichen Verbindung zu den Berggeistern unterstützt er den Hilfesuchenden, um körperlich und seelisch wieder ins Gleichgewicht zu kommen.

► Günther verlässt die menschliche Ebene, um mit seinen Klienten schamanisch zu arbeiten.

Udo, der Feenschamane der Alpen

Udo Vukovics, Schamane und Körperpsychotherapeut aus Niederösterreich, wurde in Wien geboren. Seine Vorfahren stammen, ganz typisch für Wiener Verhältnisse, aus Kroatien und wanderten über Rumänien und Ungarn in die damalige Hauptstadt der Monarchie ein. Die Sommer seiner Kindheit verbrachte er in der schönen österreichischen Natur und bemerkte schon als Kind, dass er gerade dort von vielen Geistwesen umgeben war. Diese konnte Udo sowohl körperhaft als auch in Bildern, Energien, Farben und Mustern wahrnehmen.

▲ Mit dem Geist des Bären führt Udo Vucovics Heilzeremonien durch.

MAGISCHER NAGUAL-SCHAMANISMUS

Über intensive Körperarbeit, kinetische und visionäre Trance, Begegnung mit der Tradition der marokkanischen Sufis und auf alten Kraftplätzen in den Alpen fand er Zugänge zu brachliegendem globalem schamanischem Wissen, das ihn in die Lage versetzte, seinen eigenen Zugang zum Schamanismus zu entwickeln, in dem die Begegnung mit der Magie des Unfassbaren eine zentrale Rolle spielt – dem „Nagual-Schamanismus“. Darin fand er vor über dreißig

Jahren seinen schamanischen Weg: Sein Glück war, so sagt er, zur richtigen Zeit am richtigen Ort zu sein, um das Geschenk der Geister zu empfangen.

Eine Reise führte ihn später in den Amazonas zum Curandero Don Agustin, wo er in zwei Ayahuasca-Zeremonien eine weitere faszinierende Begegnung mit der vielfältigen Welt der Geister hatte, die ihm noch einmal klar vor Augen führte, dass er mit seinem Weg des Bewusstseinszaubers andere, aber doch auch ganz ähnliche Vorgangsweisen praktizierte.

Bestimmend für seinen Weg war die Initiation des Jaguars (in der Shipibo-Tradition gibt es vier Jaguare, einen in jeder Richtung), der als Hüter des heiligen Feuers fungiert. Ebenso auch die Transformationsreise von den vitalen Kräften der Unterwelt hin zum Adlerspirit, dem magischen Hüter der Bewusstheit, der ihm Heiler- und Lehrerqualitäten schenkte. Über schamanische Träume der Kraft in Verbindung mit den Alpenfeen entwickelte sich sein schamanischer Weg. Feen, magische Berginstanzen und Naturgeister wurden seine direkten Lehrer. Die Feen der (Ost-)Alpen bestimmten Udo zu ihrem persönlichen Botschafter, der die Welt der Magie den Menschen wieder näherbringen soll.

Ayahuasca-Zeremonien

Eine der heiligen Pflanzenzeremonien der Curanderos, der spirituellen Heiler Südamerikas, sind die nächtlichen Zusammenkünfte unter heiligen Gesängen, den „Ikaros“. Mit der Einnahme der „Liane des Todes“, der „Ayahuasca“ oder auch Yage-Pflanze, wird in der heutigen Zeit leider eine Art Tourismus betrieben, was die inflationäre Nutzung und damit den Ausverkauf der traditionellen Kultur der Shipibo-Conibo, der Einheimischen des Amazonas-Tieflandes, verursacht. In der traditionellen Verbindung mit der Chacruna-Pflanze stundenlang gekocht, entsteht ein dickflüssiges Gemisch, das unter kundiger ritueller Einnahme Visionen bewirkt und den spirituellen Tod und die spirituelle Wiedergeburt des Initianten zur Folge haben kann.

DER WEG DER KRAFT

Feen haben einen tiefen Bezug zur Wildnis der Alpenlandschaft, denn sie leben in schwer erreichbaren, bizarren Felsformationen, in natürlichen Steinkreisen, auf stillen, unberührten Almwiesen und an den reißenden Wasserfällen der Gletscher. Dort in der unzugänglichen Wildnis führte Udo zuerst geomantische Rituale durch, um ihre Kräfte vom Missbrauch zu reinigen und dann wieder zum Leben zu erwecken, um sie zum Wohl der Landschaft, der Menschen und Wesen zu nutzen.

Für jeden Schamanen ist die Verbindung zu seiner Ahnenlinie, die diese Tradition irgendwann einmal besaß, lebenswichtig, denn sie steht als spirituelle Kraft mit ihrem gesammelten Wissen hinter ihm. Auch wenn Jahrhunderte dazwischenliegen: Udo knüpft auch an die europäischen Heilertraditionen an und belebt sie mit seiner unkonventionellen Ausbildung, indem er die Naturwesen unserer Landschaft wieder zu neuem Leben erweckt. So kann das alte Wissen unserer Vorfahren wieder zu den Menschen fließen, vorausgesetzt sie gehen achtsam damit um.

Regelmäßig werden diese persönlichen Verbindungen mit heilsamen Zeremonien und Gaben geehrt, um die ortseigenen schamanischen Kräfte zu erhalten und zu nähren. Indem man Wissen und Erkenntnisse festhält, werden sie mit der Zeit kraftlos und schal. Man mehrt sie jedoch als stetig fließender Kanal. Daher hält der Feenschamane seit über 25 Jahren Workshops ab und bildet in seiner authentisch modernen Tradition junge Schamanen aus. Der langjährige Einweihungsweg seiner Schüler ist anstrengend und geht oft weit über die heute üblichen Komfortzonen hinaus. Sie müssen nicht nur draußen am Berg übernachten, auf schmalen Hochgebirgswegen und Graten dem Geist des Abgrunds begegnen, tief im Inneren von Höhlen schlafen oder sich bisweilen eiskaltem Wasser aussetzen, um Flussgeister zu treffen, sondern sich auch grundsätzlich in ihrem Leben dem Weg der Kraft widmen, um Schamanen zu werden. Denn nur in der direkten Erfahrung mehrt sich wahres Wissen.

Schamanismus ist für den 63-Jährigen ein lebendiger Weg der Kraft, gefüllt mit göttlichem Geist und Magie, der weltweit existiert, da sich die Geister nicht auf bestimmte Gebiete beschränken. Er hat eine globale Seite, die die Quelle des Wissens aller Geister und Vorfahren enthält. Die mythisch-geschichtliche Seite des Schamanismus ist für Udo eng mit einer bestimmten Kultur, einer Ethnie oder einem uralten Feld mythischen Wissens verbunden. Und die lokale Seite hat einen engen Bezug zu den Wesen und Menschen eines Ortes und zu einer bestimmten, vom Schamanen magisch betreuten Landschaft. Er fühlt sich seit der ersten Initiation dafür verantwortlich, diese Erkenntnisse und Sprachen der Naturwesen für andere zu übersetzen. Seinen zahlreichen Schülern zeigt er, dass sie mit Disziplin und Übung einen direkten Draht zur geistigen Welt herstellen können, um das Wissen nach ihrer Einweihung auf unabhängige Weise zu erhalten und zu mehren.

Udos schamanisch-magische Schule

In einer nicht schamanenfreundlichen Kultur wie der unseren haben es magisch begabte und zu Schamanen berufene Menschen aus Udos Sicht einerseits schwer, da ihre Berufung und das Bestreben zu lernen von den Mitmenschen oft nicht ernstgenommen werden, was zu mentalen Erkrankungen und familiären Störungen in ihrem Leben führen kann. Die vom Konsum weichgespülte Esoterikwelle der letzten Jahrzehnte trug andererseits auch nicht dazu bei, dass die uralte Heilkunst der Schamanen in Europa heute besser angesehen wird. Sie führte zu einer teilweisen Verwässerung und zum Missbrauch des Wissens für materielle Zwecke. So wurde Schamanismus in Seminaren verkauft, die nur wenige Tage oder Wochenenden dauerten und mit „Zertifikaten“

abschlossen. Das führte dazu, dass sich Menschen Schamanen nennen, die weder gelebtes Wissen noch die spirituelle Kraft besitzen, wahrhaftig heilsam zu wirken, was dem Ruf nicht gerade zuträglich war und den Begriff „Schamane" in der Wahrnehmung vieler Menschen entwertete.

Mit seiner profunden schamanisch-magischen Schule möchte Udo dem Ruf der europäischen Schamanen wieder zu neuem Glanz verhelfen. Aus diesem Grund bietet er eine mehrere Jahre bis Jahrzehnte dauernde Ausbildung mit viel praktischer Erfahrung und ständiger Supervision an. Die disziplinierte Anwendung des Wissens in regelmäßigen Übungen mit Selbsterfahrung ist für ihn essenziell, um diesen Weg wieder zu beleben und authentisch zu gehen.

Schließlich ist für Udo der Schamanismus, als am eigenen Leib erlebte Naturmagie, eine Weisheitslehre der Erweiterung des Bewusstseins und damit mehr als heilsam.

▾ Hoch oben in den Drautaler Alpen traf ich Udo mit seinen Schülern.

Skuld – die Zukunft gestalten

Skuld (übersetzt: „Schuld") ist die Zukunft, die der Vergangenheit geschuldet ist. Alles, was du heute tust, zeigt Wirkung, sowohl hier als auch in der Welt der Geister und Götter. Mit ihr verbunden, kannst du deinen kleinen Teil dazu beitragen, die in Vergessenheit geratenen Wesen einzubeziehen. So darf unsere Welt wieder ein wenig achtsamer, schöner und harmonischer werden. Sei nun herzlich eingeladen mit Übungen und Ritualen alle neun Welten zu erkunden, dich selbst dabei zu erforschen und deine Verbindung zu den Göttern wiederzuentdecken

Fliege mit Tönen zum Ursprung der Welt

In diesem Kapitel lasse ich dich teilhaben an meinen schamanischen Erfahrungen und meinen Kenntnissen, die ich in vielen Jahren Praxis gewonnen habe. Ich möchte dir spirituelle Werkzeuge schenken, die auf dem Weg zu dir selbst Inspiration und Unterstützung sein können. Ich freue mich, wenn mein Wissen in die Welt geht und Flügel erhält. Für mich ist es „geliehenes Wissen", es wurde mir von der Geisterwelt verliehen, um weitergegeben zu werden. Wenn du damit mehr Freude am Leben und innere Zufriedenheit entdeckst, haben wir gemeinsam schon viel erreicht.

Die folgenden Übungen haben alle einen direkten Bezug zu den vorherigen Kapiteln des Buches, und du kannst gern immer wieder nachschlagen, um zu vergleichen und zu sehen, wie sich dein eigenes Tun und Erleben damit verbindet. Schamanismus ist für mich vor allem die Lehre der direkten Erfahrungen. Lass dich inspirieren und in das Wyrd der neun Welten führen, flieg mit mir durch Yggdrasils Zweige und triff im Ritual auf Ahnen, Götter, Elfen, Riesen und Zwerge.

Möchtest du selbst erleben, wie unsere Welten vor Jahrmillionen entstanden sind? In der geistigen Welt existiert keine Zeit, und auf eine schamanische Reise geführt, kannst du sehen, woher wir Menschen kommen. Reise mit Klängen durch die Unendlichkeit des Kosmos und spüre die Verbindung zur Urquelle allen Lebens. Diese Erfahrung kann zutiefst emotional sein. Such dir dafür einen passenden Zeitpunkt, an dem du ungestört bist, und lass dir mindestens eine Stunde Zeit.

▲ Gaben für den Geist der Transformation, um Altes aufzulösen und Neues zu beginnen.

ÜBUNG

REISE ZUM URSPRUNG DER WELT

Lege dir vorher alles zurecht und bereite dich darauf vor, eine Weile nicht ansprechbar zu sein. Räuchere den Raum um dich herum, zünde eine Kerze an, und nimm eine aufrecht sitzende Haltung ein. Nutze für die Reise eine Trommel oder nimm Kopfhörer, um eine Trommel zu hören. Wenn du Stille bevorzugst, lass diese in dir einkehren.

Gehe in Gedanken in eine sternklare Nacht und wandere auf den höchsten Berg der Welt, auf den Mount Everest. Sieh, wie du dort oben ganz allein in der tiefen Stille bist, warm eingepackt, aufrecht sitzend, mitten im ewigen Eis und Schnee. Genieße den Ausblick eine Weile, atme tief und beginne dann, mit möglichst tiefer Stimme „Aoum" zu tönen, langsam und langgezogen, die ganze Zeit über, während du zum Ursprung reist: „Aaaaaaaaaoooooooouuuuuuummmmmm". Genieße den tief schwingenden Ton, fühle ihn im Körper vibrieren. Genauso dunkel, wie es um dich herum ist, war es, bevor das erste Licht entsprang.

Schaue nun einen der Sterne an und beobachte ihn, wie er von deinem Ton angezogen wird und sich nähert. Spüre die Kraft, die das Licht, das immer näherkommt, ausströmt. Empfinde sie mit deinem ganzen Sein. Wenn das Licht nah genug ist, kannst du sehen, wie es sich mit der Dunkelheit um dich herum vereinigt und eine Art Zwielicht entsteht.

- Wie geht es dir dort, in der Weite zwischen Licht und Dunkel?
- Welche Anteile fühlst du besonders?
- Welche Körperregion nimmst du jetzt deutlicher als sonst wahr?

Spüre noch eine Weile tönend in die Vereinigung und atme dann dreimal tief aus, um dann still zu werden und langsam den Rückweg anzutreten. Geh zurück bis in deinen Körper, klopfe dich mit beiden Händen von oben nach unten ab, stampfe ein paarmal kräftig mit den Füßen auf, schüttle dich einmal richtig, so lange, bis du dich wieder ganz klar spürst. Schreibe auf, was du wahrgenommen hast und zu welcher Erkenntnis über die Entstehung der Welten du gelangt bist.

Deine Reise zum Weltenbaum

So wie ein Hirsch einen Pfad im Wald tritt, gehst du nun achtsam und in deinem ganz eigenen Tempo vor. In der folgenden Übung lernst du Yggdrasil und alle seine Welten im Überblick kennen. Wenn du durch den Weltenbaum reist, sei dir bewusst, dass es ein Weg ins eigene Ich ist, und es kann eine tiefe Erfahrung sein, sich so weit in sich selbst zu begeben.
Lass dich durch meine Worte, Lieder und Töne inspirieren, nutze die Macht des Klangs, um über das Wyrd-Netzwerk direkt zur Wurzel des Baums und bis in seine Krone zu gelangen. Lass dir dabei Zeit und bleib offen für ungewöhnliche Erfahrungen, sei neugierig und vor allem: Genieße es, Neues und Altbewährtes auf den Pfaden der Vorfahren zu entdecken.

► Mach dich mit Tönen auf die Reise zum Ursprung der Welten und erfahre, woher wir Menschen kommen.

ÜBUNG

REISE DURCH DIE NEUN WELTEN

Nimm dir mindestens eine Stunde Zeit und finde einen Ort, an dem du ungestört sein kannst. Nutze, wenn du hast, eine Trommel, eine Tonaufnahme davon oder, wenn du Trommeln nicht magst, nordische Meditationsmusik. Du kannst auch in der Stille reisen, wenn dir das mehr liegt. Summe den Urton „Aoum", töne ihn laut, raune ihn im Brustraum. Der Ton ist dein Schlüssel zum Wyrd-Netzwerk.

Finde im Wyrd zuerst den Regenbogen Bifröst, der an der Quelle der Schöpfung des Lebens entspringt, die weit unter der Urdquelle und Mimirs Quelle liegt. Dort wurde einst der Samen für die Weltenesche gesetzt, und von dort wird alles Leben und Wissen, alles Sein durch den Klang und das Licht befruchtet, in die Welt geboren. Verweile eine Zeit lang an der Quelle, fühle ihre reine Lebenskraft durch deinen Körper strömen. Betrachte die Welt aus der sanft umhüllenden Dunkelheit und schaue, welche Bereiche deines Körpers mitschwingen.

Nun wandere über die Urdquelle der Nornen und Mimirs Quelle des Wissens durch das Reich Helheim. Schaue dir jede der Welten langsam und ganz genau an, sodass du dir die Wege gut merken kannst. Diese Erfahrungen werden mit der Übung deine innere Landkarte.

Du kommst jetzt über einen langen Gang durch eine Höhle in die Welt der „Swartalben", der schwer arbeitenden und handwerklich geschickten Zwerge. Spüre, was sich in deinem Körper tut. Bewegt sich etwas in dir und um dich? Schaut dich jemand an? Nimmst du Stimmen oder Geräusche wahr?

Wandere weiter, finde die feurigen Vulkane von Muspelheim, die lebendig und unentwegt in Bewegung sind und heilsame Hitze spenden. Ihr Feuer führt dich zu Surtur, dem Großmeister des Feuers. Heiß ist es hier, und beinahe verbrennst du, wenn du ihn um ein wenig von seiner heilsamen Feuerkraft bittest. Aber schon geht's weiter.

▲ Mit der Kraft des Feuers kannst du deine inneren Heilkräfte aktivieren.

Aus dem Vulkan und seinen Funken schießt dich die Kraft des Wyrd direkt in die Welt der Eisriesen, hoch oben im Norden. Wie geht es dir, wenn du, natürlich warm eingehüllt, durch eisige Weiten wanderst? Wie fühlt sich deine Haut an, was kannst du um dich herum wahrnehmen?

Wenn du über dem Bogen von Biföst, etwas weiter südlich, das angenehme Klima Midgards erreicht hast, ruh dich zunächst ein wenig aus. Von hier aus kannst du beginnen, deine eigene Umgebung aus der Perspektive des Wyrd zu betrachten. Gehe dazu in die Vogelperspektive und schaue die verschiedenen Gegenden Midgards an. Wo fühlst du dich besonders wohl? Dort verweile ein wenig und genieße die Schönheit unserer Welt. Versuche nicht zu bewerten, was du wahrnimmst, aber dir alles genau zu merken.

Am Rande Midgards findest du am Wegrand ein Falkengewand und kannst damit in immer abgelegenere Bereiche fliegen. Du erreichst ein riesiges Waldgebiet, das Heim der Wanengötter. Hier darfst du verweilen und tief im Herzen die heilsame Kraft der absoluten Verbindung und Einheit mit der Natur spüren. Genieße das Wachstum, das pure Leben, dessen Kraft in den immergrünen Urwäldern der Wanen besonders stark ist. Welcher Bereich in deinem Körper schwingt hier besonders intensiv?

Im beinahe schon himmlischen Bereich von Alfheim begegnen dir luftig-zarte Elfen. Durchquere ihr von Grün, Blüten und filigraner Schönheit geprägtes Reich, und schau, ob es dir zu einer Quelle der Inspiration wird. Wenn es so ist, merk sie dir gut.

Nun bist du bereits mit deinen Falkenflügeln geflogen und an Heimdall, dem Wächter der Asen, vorbei in Asgard angekommen. Hier befindet sich die Welt der Wissenschaft, der Neues erschaffenden göttlichen Dichter und Denker. Hier wohnen unsere direkten Vorfahren aus dem zweiten Weltenalter. Frage sie, ob sie dir vielleicht etwas Wichtiges mitzuteilen haben. Wenn du etwas hörst, nimm es als Geschenk und danke dafür.

Nun fliege noch ein wenig höher, um dem höchsten der Seher zu begegnen. Er ist Meister der Balance der Planeten und kosmischen Kräfte und sieht alles, was in den neun Welten vor sich geht. Hat er dir etwas mitzuteilen? Wenn er dir ein Geschenk macht, nimm es unbedingt an.

Jetzt bist du bereits durch alle Welten gewandert beziehungsweise geflogen. Ruh dich ein wenig aus und erinnere dich an alles, was du gesehen und erlebt hast. Konzentriere dich noch einmal kurz und flieg langsam zurück in deine Heimat. Lass dich nieder und bringe deinen Geist wieder zurück in den physischen Körper, indem du dich von oben nach unten mit flachen Händen abklopfst, einmal kurz aufstehst, mit den Füßen stampfst und dich schüttelst.

Spürst du dich wieder ganz und gar? Dann öffne deine Augen und schreibe, was du wahrgenommen hast, nacheinander in Ruhe auf. Und beantworte dir selbst die folgenden Fragen:

- Welche der Welten liegt dir am nächsten?
- Hast du spezielle Informationen über dich erhalten?
- Zu welchen Wesen spürst du eine besondere emotionale oder spirituelle Verbindung?
- Welche der Welten hast du als angenehm, welche als eher unangenehm empfunden und warum?
- Wo hast du dich im Geiste so richtig zu Hause gefühlt?

Wiederhole diese intensive Arbeit mehrmals, bevor du an die nächsten Kapitel des Buches gehst. Sie ist die Vorbereitung für alle kommenden Übungen. Nach der Reise durch die neun Welten hast du bereits eine gute innere Landkarte zur Orientierung.

Erfahre von den Nornen dein Schicksal

Wolltest du nicht schon immer wissen, woher du kommst und was deine Seele bewogen hat, genau in diesem Leben, an diesem Ort, in genau deiner Familie und in diesem Körper zu erscheinen? Die drei Nornen wissen auf all diese Fragen weise Antworten, wenn du ihnen respektvoll begegnest und aufmerksam lauschst.

Das Zuhören ist in der heutigen Zeit ein wenig in Vergessenheit geraten, das bedeutet aber nicht, dass du es nicht lernen kannst. Also nur zu. Stell deine Fragen behutsam, denn die Wahrheit ist nicht immer leicht verdaulich. Frage daher nur so viel, wie du bereit bist, als Antwort zu verkraften.

▲ Lerne, wieder der inneren Stimme zu lauschen und mit deinem Geist auf Reisen zu gehen.

ÜBUNG

FRAGE DIE NORNEN NACH DEINER BESTIMMUNG

Wenn du erfahren im Trommelreisen bist, reise mit der Trommel. Es geht auch über Kopfhörer, wenn die Aufnahme etwa eine Stunde läuft, denn so lange solltest du dir Zeit nehmen. Wenn du keine Trommel möchtest, reise in Gedanken in der Stille oder mit leiser Meditationsmusik – so wie es für dich am besten ist

Räuchere deinen Raum mit Wacholder und zünde drei Kerzen an: eine weiße, eine rote und eine schwarze. Nimm eine entspannte, aufrechte Haltung ein. Du kannst sitzen und dich dabei anlehnen. Eine aufrechte Haltung ist besser geeignet als beispielsweise eine liegende, da sie dich besser zentriert und die Energien senkrecht durch den Körper fließen lässt.

▲ Reise aufrecht sitzend mit der Trommel zu den Wurzeln deiner Herkunft, um von den Nornen etwas über deine Bestimmung herauszufinden.

Wandere mit deinen Gedanken langsam zu einer Eibe, dort befindet sich der Eingang zur Welt der Nornen. Hast du keine Eibe in der Nähe, tut es eine Esche ebenfalls. Gehe durch eine Wurzelspalte hinunter, so lange, bis du in der unteren Welt angekommen bist.

Als erstes wirst du eine schöne, helle Wiese mit Blumen entdecken. Rechts neben dir befindet sich ein Regenbogen, der hinauf- und hinabführt, dort entlang geht der Weg. Der Regenbogen ist „Bifröst“, die Brücke zwischen Himmel und Unterwelt, eine direkte Verbindung sozusagen. Er entspringt genau in der Urdquelle. Wenn du klares, blaues Wasser und die riesigen

Wurzeln des Weltenbaums sehen kannst, bist du an der Quelle angekommen.

Setze dich neben den schönen, aus Lehm gemauerten Brunnen und atme ein paarmal tief, um zur Ruhe zu kommen. Konzentriere dich darauf, dein Schicksal und deine Bestimmung zu erfahren, und singe für die drei weisen Frauen das „Nornenlied“. Wenn du nicht singen magst, sprich es laut.

Weise Worte, weise Wahl,
Nornen raunen siebenmal.

Kommt aus der Unterwelt hervor
Urd, Verdandi, Skuld
Nornen raunen weisen Rat,
frei und ohne Schuld.

Weise Worte, weise Wahl,
Nornen raunen siebenmal.

Sagt mir, was mein Schicksal ist,
raunt mir weisen Rat.
Sagt mir, wo mir scheint das Licht
und wer übt Verrat

Weise Worte, weise Wahl,
Nornen raunen siebenmal.

Danach werden die Nornen dich neugierig betrachten, denn allzu oft bekommen sie jetzt keinen Besuch. Das Lied kennen sie zumindest durch meine Arbeit schon seit ein paar Jahren. Frage sie, welche Gaben sie mögen und was ihr Herz erfreuen würde. Versprechen der geistigen Welt gegenüber sind unbedingt einzuhalten, also versprich nichts, was du nicht halten kannst. Sei absolut wahrhaftig, beantworte ihre Fragen ehrlich. Wie alle Götter testen sie uns Menschen gern, ob wir ihres Wissens würdig sind.

Jetzt ist der Zeitpunkt gekommen, sie nach deiner Bestimmung zu fragen. Stelle immer nur eine Frage, alles andere wäre unhöflich. Du

▲ Lege die versprochenen Geschenke für die Nornen unter eine Eibe oder eine Esche.

kannst ja mehrere Male zu den Nornen reisen, um sie zu befragen. Akzeptiere die Antwort unbedingt, diskutiere nicht mit ihnen und bleibe respektvoll und freundlich, egal was sie sagen. Nornen können in ihrer absoluten Ehrlichkeit unbequeme Wahrheiten aussprechen. Sei darauf gefasst.

Wenn du eine Antwort erhalten hast, bedanke dich bei den Nornen, verneige dich, drehe dich um und tritt den Rückweg an. Wandere über die Wurzel von Yggdrasil wieder nach Midgard, gehe zurück in deinen Körper und werde hellwach. Klopfe dich mit beiden Händen von oben nach unten ab und schüttle dich kräftig. Wenn du alle Gliedmaßen spürst, bist du wieder sicher in deinem Körper angelangt. Schreibe alles Erlebte und Erfahrene sofort auf.

Bringe die versprochenen Gaben zu der nächsten großen Eibe oder Esche. Sage dabei laut, für wen die Geschenke bestimmt sind. Achte darauf, nur Naturmaterialien zu verwenden. Wenn es sich dabei um Lebensmittel handelt, denke bei der Menge daran, dass in der geistigen Welt ein Tropfen ein Ozean und ein Krümel ein Berg sein kann.

Wenn du diese Reise gelegentlich wiederholst, können die Nornen dir vielerlei Wissen vermitteln. Sie sind eng mit der Riesengöttin Hel befreundet und ihre direkten Nachbarinnen.

Erinnere dich, wer du bist

Hel, als Herrin der Seelen, hat viele wichtige Qualitäten für das spirituelle Lernen im Schamanismus, die du im direkten Kontakt zu ihr erfragen kannst. Sie weiß genau, woher deine Seele stammt und warum du gerade jetzt lebst. Sie kann dir helfen, die Erinnerungen an deine Vorleben wiederzufinden, die ein großer Wissensschatz im jetzigen Leben sein können, da sie dir die Quellen des Ahnenwissens zeigen und wertvolle Schlussfolgerungen für das Hier und Jetzt zulassen. Im Totenreich begegnest du der eigenen Vergänglichkeit, was dazu führen kann, dass du dein Leben aus einer neuen Perspektive betrachtest und manches überdenken musst. Was geschieht, wenn dir klar wird, dass der Tod unser ständiger Begleiter ist?

ÜBUNG

REISE ZUM URSPRUNG

Nimm dir eine Stunde Zeit, bei Sonnenuntergang oder wenn es dämmrig ist, um auf eine Reise zu deinem Ursprung zu gehen. Räuchere dich und deine Umgebung, zünde dir eine Kerze an. Betrachte alles, egal was während der Reise geschieht, als Geschenk der dunklen Mutter Hel.

Wandere mit deinen Gedanken zu einem Holunderbusch. Der Holunder ist der Eingang zum Reich der großen Göttin Hel. Du kannst zur Unterstützung einen Holunderzweig in die Hand nehmen oder dich bei gutem Wetter unter einen Busch setzen. Ein Holunder ist in der Mitte immer hohl, so können wir ihn als Eingang zu Hels Reich nutzen.

Löse deinen Geist von Alltagsgedanken, um in der Mitte des Stamms über eine Wendeltreppe in die untere Welt zu steigen. Stell dir dabei vor, dass dein Kopf ganz leer und weiß ist und deine Gedanken ein unbeschriebenes Blatt sind.

▲ Befrage die Göttin Hel auf der schamanischen Reise über deine spirituelle Herkunft.

Irgendwann kommst du an einen Fluss, über den eine Brücke führt. Hinter der Brücke kannst du eine Riesin und einen ziemlich großen Hund sehen. Das sind Modgud und Managarm, die Wächter von Helheim. Frag sie, welche Gaben sie benötigen, damit sie dich für kurze Zeit mit Hel sprechen lassen. Denk später daran, die Geschenke an einen Holunderbusch zu legen.

Jetzt bitte sie, für dich eine Verbindung zu Hel herzustellen. Wenn die Göttin auf der Insel erscheint, verneige dich vor ihr. Lege dazu beide Hände auf dein Herz. Sage ihr, dass du große Achtung vor ihr hast. Frage sie, ob sie dir etwas über deine Herkunft erzählen möchte, darüber, wer du bisher schon warst und wer du jetzt bist, welche Aufgaben du in diesem Leben zu lösen hast. Vertraue der Antwort, sie ist immer wahr.

Frage Hel, welche Gaben sie sich von dir wünscht, und bringe sie später ebenfalls zu einem Holunderbusch. Bedanke dich bei der Göttin für alles, was du bisher in deinen Leben erfahren hast, und wandere über die Brücke zurück zum Holunder.

Gehe die Treppe im Stamm wieder hinauf und kehre zurück in deinen Körper. Klopfe dich mit beiden Händen ab, stehe auf und schüttle dich, stampfe ein paarmal auf, bis du dich wieder ganz spürst. Schreibe alles auf, was du erlebt und erfahren hast.

Wiederhole diese Reise etwa alle vier Wochen, um mehr über dich und deine Herkunft zu lernen.

Nutze die Riesenkräfte in dir

Um dich mit der Kraft der Riesen zu verbinden, sie näher kennenzulernen und zu nutzen, arbeite zunächst an deiner inneren Einstellung: Fürchtest du dich vor ihrer gewaltigen Kraft? Welche Entsprechung hat sie in dir? Wo sind deine eigenen, größten Stärken, und wie nutzt du sie? Wo bist du schwach? Mit welchem Element fühlst du dich besonders verbunden? Wenn du dies für dich geklärt hast, kannst du über die folgende Übung mit den Kräften der Riesen Kontakt aufnehmen.

Für mich persönlich ist die Kraft des Wassers eine der wichtigsten Kräfte. Sie kann in einem Fluss oder Wasserfall den stärksten Felsen höhlen, ganze Kontinente verschwinden und wieder entstehen lassen. Die Gezeiten helfen, bewusst erkannt und genutzt, mit den Schwankungen der eigenen Kräfte besser klarzukommen. Emotionen sind Riesenkräfte und aus meiner Sicht ein wichtiger Antrieb im Leben. Sie können buchstäblich Berge versetzen. Weise genutzt, kannst du mit ihrer Stärke dein gesamtes Leben und vor allem schwierige Situationen besser lenken und positiv beeinflussen. So betrachtet werden emotionale Kräfte dich nicht mehr bestimmen oder überwältigen, sondern du hast es selbst in der Hand, wie du sie einsetzt. So kann dir die Kraft des Wassers dabei helfen, deine Emotionen genau wahrzunehmen und zum Beispiel Manipulationen leichter zu erkennen und dem gezielt entgegenzusteuern.

▲ Die Kraft des Wassers kann Felsen aushöhlen und auch unser Inneres transformieren.

ÜBUNG

VERBINDE DICH MIT DER KRAFT DES WASSERS

Finde heraus, wo in deiner Umgebung Wasserriesen leben könnten. Nutze dazu die Techniken des „weichen Blicks“ und des „Adlerblicks“, mit denen du deine Wahrnehmung schärfen kannst. Schaue dir die umliegenden Gewässer einige Tage an, ruhig sitzend und ohne Ablenkung, jeweils mindestens 15 Minuten. Richte deine Gedanken auf „Empfang von Wissen“ und achte dabei auf Zeichen:

- Rollt ein Stein?
- Bewegt sich etwas am Ufer?
- Springt ein Fisch oder setzt sich ein Vogel nieder?
- Kommt gerade Wind auf?
- Verändert sich das Fließen des Flusses, des Bachs?
- Kannst du darin Gestalten erkennen?

Schaue genau hin und achte auf feinste Bewegung. Wenn es im Wasser Gesichter gibt, beobachte, ob sie sich über die Zeit verändern. Genieße den Kontakt ruhig, ganz ohne Angst.

Berühre nun mit beiden Händen die Erde und lass deine Sinne sich wie feine Wurzeln mit der Kraft des Wassers verbinden. Fühle mit jedem Atemzug, wie sich die Kühle, von unten beginnend, langsam angenehm in deinem Körper ausbreitet. Lass deinen Atem fließend werden, genau wie das Wasser.

Werde wie das Wasser, fühle es. Wenn dein ganzes Sein davon erfüllt ist, sag dem Wasser, dass es seine Kraft mit deiner verbinden möge. Genieße die Verbindung, fühle sie. Lass sie zu. Nun versuche, den Fluss in dir selbst zu lenken. Spüre, wie eine Welle von Emotionen aufsteigt, und lass sie zu. Lenke sie genau dorthin, wo sie für dich hilfreich ist. Wenn du gerade traurig bist, frage die Trauer, welche Erkenntnisse sie dir bringt, wozu sie dient. Hat sie keine Antwort, dann lenke sie durch deine Hände in den Fluss und lass sie mit dem Wasser wegfließen.

Frage, wenn du wütend bist, die Wut, wozu sie dir dient. Wenn sie eine Antwort weiß, nutze sie genau dort als Antrieb zur Veränderung. Weiß sie keine Antwort, lenke sie in den Fluss und lass sie wegfließen. Und so weiter. Betrachte alle aufkommenden Emotionen auf diese Weise. Schaue sie an und frage sie, was du damit machen kannst und wozu sie dir dienen. Hast du alle Emotionen auf diese Weise betrachtet? Dann werde innerlich ruhig. Schau, was übrig bleibt, wenn alles in dir auf diese Weise aufgeräumt ist. Spüre die Klarheit des kühlen Wassers in dir und danke den Wasserriesen für die Erkenntnis. Schreibe deine Erfahrungen und Gedanken auf.

▲ Im Ritual verbinde ich mich mit den Kräften des Wassers, um die Vergangenheit loszulassen.

Ehre die Zwerge

Sobald du an Zwerge denkst, fangen sie auch schon an, in deinem Leben zu erscheinen. Beschäftige dich mit ihren Sitten, Gebräuchen, Eigenarten und versuche, ihre ethischen und moralischen Werte, wie Ehrlichkeit, Tatkraft, Beständigkeit, Beharrlichkeit, Durchhaltevermögen, unerschütterliche Zielstrebigkeit, Geduld und Treue, in dir selbst zu entdecken. Über diese Qualitäten findest du leicht den spirituellen Zugang zu ihnen. Jetzt brauchst du nur mehr eine Höhle oder einen Ort zu finden, wo die Zwerge wohnen. Das sind knorrige, alte Bäume im Wald, dichte Schlehenhecken, Wacholderbüsche und Felsenkeller. Dort führe dein Ritual durch. Hast du einen solchen Ort nicht, lade sie einfach zu dir nach Hause ein.

Erforsche deine Wünsche und Pläne. In diesem Fall sollten es keine virtuellen Träume sein, sondern berufliche Entwicklung, Geldsorgen, anstehende Reparaturen an Haus und Hof, also Dinge, die du mit „Geduld und Spucke“ selbst erarbeiten kannst. Die Zwerge geben dir genau diese Möglichkeit, über deinen Schatten zu springen und es einfach zu tun. Schreibe dein Vorhaben auf einen Zettel und bitte später, während des Rituals, um Unterstützung.

▲ In Höhlen findest du leicht Zugang zum verborgenen Volk der Zwerge.

ÜBUNG

EHRE DIE ZWERGE UND LERNE IHREN KÖNIG KENNEN

Räuchere und reinige dich und deinen Altar symbolisch mit ein paar Tropfen Wasser. Zünde eine Kerze an. Du kannst nun einen Teller für deine Geschenke nehmen. Lege ein kleines Mandala oder was du für Zwerge ansprechend findest. Lege auch Stoff dazu und sage, dass er Kleidung für sie symbolisiert. Nun gib mit der rechten Hand die essbaren Gaben auf den Teller. Stelle Brot, Speck, Käse dazu und sage den Zwergen, dass es von Herzen kommt und für sie ist. Sprich oder singe den „Ruf der Zwerge“, lass dich ruhig von Musik inspirieren, das mögen alle Wesen gern.

Ruf der Zwerge
Das Zwergenvolk, wie ihr ja wisst,
im Erdenreich zu Hause ist.
Unter der Erde weit verteilt,
leben sie in kleiner Gestalt.

Mit langem Bart und wildem Haar,
sind hilfsbereit hier und da.
Helfen bei manch Hand und Werk,
leben tief unter dem Berg.

Schabernack und wildes Spiel
mögen sie beinah zu viel.
Zwergenfrauen nicht zu vergessen,
sie kochen das allerbeste Essen.

Heute wolln wir ehren euch,
kommt zum Mahl und freuet euch.
Bier und Schnaps und Brot und Speck,
esst und freut euch, futtert weg.

▲ In knorrigen Wurzeln verbirgt sich das „Kleine Volk“, die Zwerge.

Gebt mir Steine, Erz und Segen,
Wünsche erfüllen sich auf meinen Wegen.
Tatendrang und fleißges Tun,
wenns erreicht ist, will ich ruhn.

Danach sprich: „Im Namen meiner heiligen Ahnen, Mutter Erde und Vater Himmel, so sei es."

Atme nun drei- bis fünfmal durch die Nase tief ein und durch den Mund tief aus, schiebe bewusst alle Alltagsthemen beiseite und fokussiere dich darauf, die Zwerge zu kontaktieren.

Stell dir vor, dass goldenes Licht auf dich zukommt und sich in seiner Mitte ein violettes Tor öffnet. Hinter der Tür wartet Alwis, der weise Zwerg, der Antworten auf alle Fragen kennt, und er führt dich in einen großen, prunkvollen Saal mit Gold und Edelsteinen. In der Mitte steht ein goldener Thron, auf dem Durin, der Zwergenkönig, sitzt und neben ihm seine Frau.

Verbeuge dich, gib ihnen dein Geschenk und warte, bis sie es angenommen haben. Wenn der König lächelt, ist der Moment gekommen, für dein Vorhaben um Rat, Hilfe und Unterstützung zu bitten. Frage ruhig auch nach konkreten Plänen und was der Zwergenkönig oder die Zwergenkönigin dazu sagt, einer von beiden wird dir gewiss antworten.

Nun erhebt sich König Durin und führt dich in eine weitere Höhle, in der viele Zwerge am Arbeiten sind. Sie bergen Metalle und Edelsteine. Schau dich aufmerksam um. Einer von ihnen wird dir ein magisches Geschenk machen. Vielleicht ist es nicht das, was du erhofft oder erwartet hast, aber es wird für dein Vorhaben wichtig sein. Nimm es also dankend an. Der Zwergenkönig erklärt dir nun den Gebrauch des magischen Geschenks. Höre aufmerksam zu und bedanke dich von Herzen.

Jetzt erscheint Alwis wieder, er führt dich zurück zur violetten Türe. Du tauchst in das goldene Licht und bist wieder da, wo du jetzt sitzt. Schreibe alles, was du erfahren hast, sofort auf. Erinnere dich an jedes Detail, es könnte in Zukunft wichtig sein.

Reise zu den Hütern des Wissens

In Visionen erschienen mir die Wanen in grüner Blattgestalt, als Tierwesen oder uralte, weise Baumgeister. Sie zeigten sich am Tage manchmal schemenhaft während eines Waldspaziergangs und lehrten mich, in klaren Visionen und während Trommelreisen durch die neun Welten zu fliegen. Wanen mögen es, mit Menschen auf Augenhöhe zu agieren, denn sie sind unsere ersten Ahnen. Mit ihren über Jahrtausende gesammelten enormen magischen Fähigkeiten unterstützen sie Weltenwandler, Magier, Zaunreiter, Schamanen und Hagazussen. Sie verlangen bei einer schamanischen Reise Respekt und Achtsamkeit vor den Gesetzen der Natur und vor dem uralten Ahnenwissen, das sie bewahren und hüten. Ihr Symbol ist der belaubte, blühende Baum, als Zeichen der ersten Menschen, die aus Bäumen geschaffen wurden.

Für die Reise zu den Wissenshütern hilft dir ein Wanenbaum, dich auf deine Intention, Wissen über deine Herkunft zu erhalten, zu fokussieren. Natürlich kannst du den Baum visualisieren. Ich selbst finde jedoch, dass es in der heutigen Welt schon viel zu viel „Kopfkino" gibt, und bevorzuge Hilfsmittel, die ich sehen und berühren kann. Um zu den Wanen zu reisen, kannst du dir einfach einen Baum, bei dem die Wurzeln sichtbar sind, auf ein Blatt Papier zeichnen. Er dient dir als Anker, und die Achse in der Mitte ist der Pfad, durch den du leicht alle Welten bereisen kannst. In den Wurzeln befinden sich die unteren Welten von Utgard, im Stamm des Baumes die mittlere Welt Midgard und in der Krone die oberen Welten von Alfheim, Wanaheim und Asgard. Eine Symbolik, in der wir Menschen uns als körperliche Gestalt wiederfinden, denn der Stammbaum ist ebenfalls Symbol unserer Herkunft. Du kannst dir auch einen geraden Ast suchen und ihn mit drei Stoffstreifen in drei gleiche Abschnitte unterteilen. Zur Unterstützung während der Reise halte ihn aufrecht in beiden Händen.

► Einen Wanenbaum erkennst du daran, dass er meist auf einem besonderen Kraftplatz steht, wie hier auf einem Hügelgrab.

ÜBUNG

REISE ZU DEN WANEN, DEN WISSENSHÜTERN

Nimm dir mindestens eine Stunde Zeit. Formuliere eine oder mehrere Fragen, die du den Wanen stellen möchtest, schriftlich. Nutze eine Aufnahme einer schamanischen Trommel, die 20 bis 30 Minuten läuft, oder frag einen Freund, der dich be-trommeln kann.

Setze dich aufrecht in eine bequeme Position. Nimm deinen Weltenbaum (Zeichnung oder Stab) in die Hand und lass deinen Geist durch gleichmäßigen, tiefen Atem zur Ruhe kommen. Schließ deine Augen und lass dich in den Klang der Trommel fallen.

◂ Aufrecht sitzend, entspannt und mit geschlossenen Augen fließen deine Energien optimal.

Suche dir einen Ausgangspunkt an deinem Haus, streif deine Falkenflügel über und lande damit direkt in Wanaheim, das sich im tiefsten Dschungeldickicht, das du dir vorstellen kannst, befindet. Komm erst einmal an und genieße eine Weile die Geräusche des Dschungels, lausche den Vögeln, den Insekten und dem leisen Wind in den Wipfeln der Baumriesen. Spüre die Wärme, rieche die feuchte Erde und das frische Grün um dich. Öffne deine Sinne für die sanfte Wildheit und die ungezügelte Naturkraft des unzivilisierten Urwalds.

Wenn du richtig eingetaucht bist, sieh dich um: Kannst du sehen, dass sich einer der Bäume bewegt? Rascheln die Blätter an einer Stelle ungewöhnlich? Spürst du eine Schwingung um dich herum? Das alles sind Anzeichen für die Anwesenheit der Wanen. Sie zeigen sich nicht sofort, sondern warten höflich darauf, von dir eingeladen zu werden. Wage ruhig, sie anzusprechen. Frag sie, ob sie sich dir zeigen möchten. Wanen sind überaus friedliche Götter, nur zu, und staune ruhig, denn sie haben vielerlei Gestalten.

Erzähle ihnen zuerst etwas über dich, stell dich mit vollem Namen, Geburtsdatum und dem Ort deiner Herkunft vor. Tu es nicht nur aus Höflichkeit, sondern auch, um die Wanen nach deinen persönlichen Vorfahren und deren speziellem Wissen zu fragen. Jeder Mensch kommt aus einer uralten Ahnenlinie, die bis zu den ersten Menschen zurückreicht, und in jeder davon schlummert tiefes Wissen.

Stelle deine Fragen weise und merke dir die Antworten gut. Warte dann ein wenig, vielleicht möchten die Wanen dir noch etwas mitteilen, was deine derzeitige Situation betrifft. Wenn du genug erfahren hast, tritt die Rückreise an: Fliege mit deinen Falkenflügeln zurück nach Hause und setze dich wieder auf deinen Ausgangspunkt.

Öffne die Augen und klopfe deinen Körper von oben nach unten ab, stampfe leicht mit den Füßen auf und komm wieder ganz in dir an. Schreibe alles auf, was die Wanen dir mitgeteilt haben. Selbst wenn du anfangs denkst, dass es keinen Sinn macht, vielleicht wird es das erst nach einer Weile tun.

Inspiriert von den Elfen

Die Elfen bereichern mit ihrem ätherischen Sein unser Leben um wichtige Qualitäten wie Leichtigkeit, Musikalität, Kreativität und Schönheit. Im „grauen“ Alltag unterschätzen wir manchmal, wie wichtig die schönen kleinen Dinge für die menschliche Seele sind. Sie schenken Freude und lassen Unangenehmes Erleben daneben verblassen. Kleine Kinder zum Beispiel kennen weder Stress noch Eile, sodass ihre Sinne dafür weit offen sind. Die Elfenkraft schenkt uns Erwachsenen den Blick dafür zurück, so dass wir unser Sein mit dem Sinn für Schönheit und Leichtigkeit verknüpfen können.

Bist auch du manchmal ganz früh morgens im Wald und lauschst der Stille? Oder hast du manchmal Lust, die mondbeschienene Wiese mit nackten Füßen zu betreten? Beides sind wundervolle Gelegenheiten, um die Energien der Elfen besser kennenzulernen. Wage es, und du wirst unendlich bereichert.

▸ Um die Elfen zu ehren und sie zu erfreuen, kannst du bunte Bänder aus Stoff in einen Baum hängen.

ÜBUNG

ÖFFNE DICH FÜR DIE ELFENKRAFT

Willst du um die Unterstützung der Elfenwesen bitten, dann erfordert das eine positive Einstellung und eine innere Verbindung zu diesen zarten Wesen. Wenn du das nächste Mal im Wald oder auf einer Wiese bist, bringe ihnen ein kleines Glöckchen oder ein paar bunte Bänder, etwas Obst und Süßes sowie etwas Räucherwerk mit.

Hänge deine Bänder in einen Baum und singe nach einer eigenen Melodie mein kleines Elfenlied.

Singen am Tage,
tanzen bei Nacht,
der Elfenkönig
zu schenken vermag.
So sei es.

Bitte die Elfen nun, alle schweren, belastenden Gedanken von dir zu nehmen. Schreibe die Gedanken dazu auf jeweils einen Zettel und wickle ihn zu einer kleinen Rolle. Binde die Zettel an je einem Stoffstreifen fest, in der Absicht, sie im leichten Wind zu Inspirationen werden zu lassen. Singe dazu das Elfenlied. Die luftigen Kräfte nehmen diese schweren Gedanken mit sich und verwandeln sie in Leichtigkeit. Stell dir alles noch einmal konzentriert vor. Visualisiere, wie der Wind mit den Bändern spielt und deine Gedanken transformiert.

Lege deine mitgebrachten Gaben unter den Baum und bedanke dich bei den Elfenkräften.

Gestalte deinen Garten Eden

Einen „Garten Eden“ kennt mancher aus der Bibel, aber wie sehen wir ihn im modernen Zeitalter der Technologie? Aus meiner Sicht ist dieses innere Refugium wichtiger denn je, denn es hilft dir, Ahnenkraft zu tanken und zu erkennen, dass du unendliche Schöpferkräfte in dir trägst, mit denen du dein Leben in all seinen Aspekten selbst gestalten darfst. Allerdings: Wenn du selbst der Gestalter deines Lebens bist, dann trägst du auch für alle Aspekte selbst die Verantwortung.

▲ Gestalte dir einen schönen Ort, an dem die Schöpferkräfte lebendig sind.

Du hast dich aus all deinen Inkarnationen entschieden, genau dieses Leben mit seinen Voraussetzungen zu meistern. Dabei ist es hilfreich, dein Ahnenwissen, all das, was du in den vorigen Leben erlernt hast, zu erkennen und sinnvoll zum Wohl aller Wesen einzusetzen. Versuch dich einmal spielerisch auf diese Reise einzulassen. Du wirst sehen, wie viel Freude, Kraft und Ruhe in deiner Seele ankommt, wenn du mit deinen Ahnen tief verbunden bist.

Welcher Ort in dir drin ist ein heimeliger, gemütlicher, sicherer Ort? Kannst du dich in die Zeit deiner Vorfahren versetzen? Möchtest du dich, von Thor behütet, im Garten Eden aufhalten, wann immer du willst? Dann stelle die Verbindung zu deinen Ahnen, den Asen, wieder her. Fühle ihre verspielte Leichtigkeit, die Schöpferkräfte und ihre Freude am Leben. Dazu braucht es nicht viel.

ÜBUNG

VERBINDE DICH MIT DEN AHNEN

▲ Inmitten der Natur ein Altar der ersten Schamanin, die meine älteste Ahnin verkörpert.

Schaffe dir einen Ort der Verbindung, das kann in deinem Garten sein, dort wo besonders schöne Blumen und kräftige Gemüse wachsen. Oder am Waldrand, der dein persönlicher, heiliger Hain werden kann. Erschaffe selbst, mit deinen Gedanken und vor allem mit mutigen Taten.

Gestalte dir Orte, die deine Kraft mit der deiner Vorfahren verbinden. Du kannst dir einen kleinen, mit Laub überdachten Unterstand am Waldrand errichten, um dort immer wieder mit den Göttern und Naturwesen zu kommunizieren, wie du es schon in den vorigen Kapiteln erlernt hast. Oder du suchst einen lauschigen Ort im Garten, der dein Freilufttempel wird und in dem du regelmäßig auf Reisen zu deinen Ahnen gehst.

Du wirst mit der Zeit spüren, wie gut sich das anfühlt, wie viel Ruhe und Kraft du in dir spürst, wenn du die behüteten Orte der Ahnen aufsuchst. Schmücke sie nach deinem Geschmack, stelle Figuren auf, die deine Vorfahren verkörpern. Du kannst sie fertig kaufen oder selbst schnitzen, töpfern oder basteln. Lass deiner Fantasie dabei freien Lauf. Nutze das Holz der Esche, um männliche Figuren zu erschaffen, und wenn du keine Ulme findest, kannst du für weibliche Figuren auch das Holz der Birke nehmen. Falls dir das Schnitzen nicht so liegt, nimm einen schönen Ast und schmücke ihn mit Stoffstreifen und schönen Steinen oder male ein Gesicht darauf. So erschaffst du dir einen heiligen Ort, der dir ein Ankerplatz für die Verbindung zu deiner Urkraft wird.

Zu guter Letzt

Hier findest du noch ein paar Hinweise und Anregungen für deinen Weg, dich mit der Natur zu verbinden und deine Ahnenkräfte wiederzuentdecken.

Spirituelle Fähigkeiten heute nutzen

Mit allem sichtbaren und unsichtbaren Leben über die sinnlichen „Antennen" verbunden zu sein, war für die ersten Menschen so real, wie es heute für uns technische Errungenschaften wie zum Beispiel Mobiltelefon und Laptop sind. Die Wanen konnten noch mit allen Wesen kommunizieren und selbstverständlich als Teil der Natur agieren. Sie spürten den Regen, den Wind oder Sturm bereits, bevor er einsetzte, und sie konnten sich so auf Situationen vorbereiten, von denen wir heute vielleicht überrascht würden.

Wenn du in einer Großstadt lebst und wie unsere Vorfahren mit allem verbunden wärst, könnte das aus meiner Sicht emotional eher belastend sein, denn du würdest auch Gewalt, Verletzungen und Missbrauch spüren und dich innerlich nicht davon abgrenzen können.

Wir haben während der Evolution unsere menschlichen Fähigkeiten an die modernen Gegebenheiten angepasst, jedoch sind die „alten" Fertigkeiten nicht verschwunden, sondern lediglich in den Hintergrund getreten. Sie können uns auch heute im Alltag nützlich sein, wenn wir sie wohldosiert und bewusst einsetzen. Ich nenne das „spirituellen Selbstschutz", ohne den wir heute in einer dauerhaften Reizüberflutung leben würden.

Was ich dagegen tue? Ich habe aus diesem Grund seit fast 25 Jahren keinen Fernseher. Denn je tiefer ich in den Schamanismus eintauchte, desto mehr konnten mich auch Medien beeinflussen, sodass ich dies eher vermied. Ich schaue keine „News" und konzentriere mich auf das, was mich tatsächlich umgibt. So halte ich meinen spirituellen Raum frei von unerwünschten Einflüssen. Ich beschäftige mich mit den Menschen, Tieren und mystischen Lebewesen um mich herum, was mein Leben bereichert und fröhlicher macht. Wenn ich mein Handy einschalte, dann meist, um schöne Musik zu hören und danach zu tanzen. Ansonsten singe ich gern eigene Lieder, schreibe Texte, male Bilder oder baue Schamanentrommeln.

Ich finde, Kreativität wächst proportional zur Naturverbindung und zur Häufigkeit des Aufenthalts im inneren Raum der Stille. Versuche es mal für eine Weile.

Danksagung

Ganz besonders herzlich möchte ich mich für die stetige, umsorgende Unterstützung meines Mannes Günther Kramer bedanken, der meine tägliche Arbeit im Schamanismus wie auch das Schreiben der Bücher seit Jahren entscheidend mitträgt. Herzlichen Dank sende ich an Dr. Stefan Raps, der mir eine große Inspiration und Unterstützung, besonders beim Schreiben dieses Buches, und eine große Hilfe beim tieferen Eintauchen in viele spirituelle Themen war. Ebenfalls danke ich Frau Dr. Eva Eckstein, die mit Geduld und Achtsamkeit einen großen Teil dazu beitrug, dass mein Buch zu dem wurde, was es jetzt ist.

Ich danke meinen Schamanenlehrern, die mich seit mittlerweile dreißig Jahren im Leben und Lernen begleiten. Besonders danke ich meinem Lehrer Purna Bahadur Gurung aus Sikkim, Indien, der mir durch seine achtsam bescheidene Weise, die spirituelle Kraft zu leben, eine ständige menschliche Inspiration ist. Er ist ein Geschenk für alle, die ihn kennen, ein weiser Mann, der mich seit Jahren in Fragen des Schamanismus berät und unterstützt und mir geduldig das Wissen alter spiritueller Meister des Himalayas übermittelt.

Ich danke allen Schamanen und Heilern, die mir ihre Zeit schenkten, um mir Interviews zu geben, und die mir weitere Einblicke in verschiedene Formen des Schamanismus ermöglichten.

Adressen

Kyrre Franck, Knut Fuglesteg
Sjamanistisk Forbund Norway
Gneisveien 39 Krokelvdalen
9022 Norway
www.sjamanforbundet.no

Sonja Raab
Goldspinnerei
Hauslehen 39
3342 Opponitz
Österreich
www.goldspinnerei.at

Christiana Aro-Harle
Ruotsinpyhtää, Finnland
www.solavoima.fi

Arwen Nagelseder
Reckholderaweg 3
6820 Frastanz-Amerlügen
Österreich
www.himalayashamans.com
www.oesterreichischer-druidenorden.at

Thomas Vömel (Voenix)
Im Bachgrund 5
64572 Büttelborn
Deutschland
www.voenix.de

Günther Kramer & Susanne Krämer
Natur Heilt Praxis
Laas 2
9831 Flattach
Österreich
www.naturheilt.at

Udo Vucovics
Haag 3
3232 Bischofstetten
Österreich
www.nagual-schamanismus.at

Kulturverein der Roma in Österreich:
www.kv-roma.at

Zum Weiterlesen

Borgen, Carl: **Die Bock Saga.** Eine Einführung, Selbstverlag 2019.

Die Edda des Snorri Sturluson, Ditzingen: Reclam 1997.

Grimm, Jacob: **Deutsche Mythologie**, 3 Bände, Frankfurt am Main: Ullstein 1981.

Kleidt-Azizi, Helga: **Das verborgene Wissen der indogermanischen Priester.** Weltenbaum und Runen, Edda und Veda, Hamburg: N. Asfahani Verlag 1996.

Krämer, Susanne: **Am Saum des Himmels**, Stuttgart: Nymphenburger 2021.

Krämer, Susanne: **Schamanische Naturrituale**, Stuttgart: Nymphenburger 2019.

Rautenberg, Eire: **Volk des Lichts.** Die Herkunft der Teuta & der deutsche Ahnengott, Berlin: epubli 2017.

Steiner, Rudolf: **Aus der Akasha-Chronik**, Basel: Rudolf Steiner Verlag 2013.

Steiner, Rudolf: **Theosophie.** Einführung in übersinnliche Welterkenntnis und Menschenbestimmung, Basel: Rudolf Steiner Verlag 2019.

Tilak, Bal G.: **The Arctic Home in the Vedas**, London: Arktos Media Ltd. 2021.

Rysdyk, Evelyn C.: **The Norse Shaman.** Ancient Spiritual Practices oft he Northern Tradition, Rochester: Destiny Books 2016.

Register

BILDNACHWEIS

35 Farbfotos von Günther Kramer: S. 5, 9, 10, 12, 21, 22, 23, 24, 27, 28, 31, 33, 45, 47, 56, 58, 60, 62, 64, 74, 82, 83, 85, 102, 104, 118, 121, 122, 124, 128, 130, 138, 148, 150, 153; 27 Farbfotos von Susanne Krämer: S. 16, 19, 26, 34, 39, 40, 41, 52, 69, 75, 80, 87, 88, 89, 94, 99, 108, 117, 135, 136, 139, 140, 143, 144, 149, 154; 6 Farbfotos von Daria Kusnetsowa: S. 66, 67, 71, 72, 77, 79; 2 Farbfotos von Shigeki Takahashi: S. 11, 35; 2 Farbfotos von Christoph Lukasser: S. 43, 111; 1 Farbfoto von Luna Dohm: S. 114; 9 Farbfotos von Sonja Raab: S. 2, 55, 91, 92, 93, 101, 103, 105, 133; 10 Farbfotos von Paul Griffins: S. 3, 12, 50, 126, 131, 146 sowie Innen- und Außenklappen des Buchumschlags; 2 Farbfotos von Katy Liermann S. 96, 116; 3 Farbfotos von Anni Savolainen: S. 61, 76, 106; 1 Farbfoto von Anett Langbein: S. 98; 1 Farbfoto von Peter Engelhardt: S. 109; 1 Farbfoto von Thomas Vömel (Voenix): S. 113.

IMPRESSUM

Umschlaggestaltung von Gramisci Editorial Design, München/Claudia Geffert unter Verwendung einer Illustration von shutterstock/ENRIQUE ALAEZ PEREZ, die eine Wandmalerei zeigt.

Mit 100 Farbfotos.

Unser gesamtes Programm finden Sie unter **kosmos.de/nymphenburger**

FSC www.fsc.org MIX Papier | Fördert gute Waldnutzung FSC® C110508

Gedruckt auf chlorfrei gebleichtem Papier

ISBN 978-3-96860-082-6
Projektleitung: Monika Riedlinger-Sinanmis, Laila Prota
Lektorat: Dr. Eva Eckstein
Gestaltungskonzept: Gramisci Editorial Design, München/Claudia Geffert
Gestaltung und Satz: Katrin Kleinschrot, Stuttgart
Produktion: Kim Kanstinger
Druck und Bindung: Westermann Druck Zwickau GmbH
Printed in Germany / Imprimé en Allemagne